Dime qué comer si tengo diabetes

ELAINE MAGEE

DIME QUÉ COMER
SI TENGO DIABETES

Actualizado con las
«últimas investigaciones»
y *nuevas y deliciosas recetas*

EDICIONES OBELISCO

Si este libro le ha interesado y desea que le mantengamos informado
de nuestras publicaciones, escríbanos indicándonos qué temas son de su interés
(Astrología, Autoayuda, Ciencias Ocultas, Artes Marciales, Naturismo,
Espiritualidad, Tradición…) y gustosamente le complaceremos.

Puede consultar nuestro catálogo en www.edicionesobelisco.com

Los editores no han comprobado la eficacia ni el resultado de las recetas, productos, fórmulas técnicas, ejercicios o similares contenidos en este libro. Instan a los lectores a consultar al médico o especialista de la salud ante cualquier duda que surja. No asumen, por lo tanto, responsabilidad alguna en cuanto a su utilización ni realizan asesoramiento al respecto.

Colección Salud y Vida natural
DIME QUÉ COMER SI TENGO DIABETES
Elaine Magee

1.ª edición: abril de 2014

Título original: *Tell me What to Eat if I Have Diabetes*

Traducción: *Joana Delgado*
Corrección: *M.ª Ángeles Olivera*
Diseño de cubierta: *Enrique Iborra*

© 2009, por Elaine Magee
Original en inglés publicado por CAREER PRESS, 220 West Parkway,
Unit 12, Pompton Plains, NJ 07444, Estados Unidos
(Reservados todos los derechos)
© 2014, Ediciones Obelisco, S. L.
(Reservados los derechos para la presente edición)

Edita: Ediciones Obelisco, S. L.
Pere IV, 78 (Edif. Pedro IV) 3.ª planta, 5.ª puerta
08005 Barcelona - España
Tel. 93 309 85 25 - Fax 93 309 85 23
E-mail: info@edicionesobelisco.com

ISBN: 978-84-15968-48-1
Depósito Legal: B-6.144-2014

Printed in Spain

Impreso en España en los talleres gráficos de Romanyà/Valls S.A.
Verdaguer, 1 - 08786 Capellades (Barcelona)

Introducción

Si te acaban de diagnosticar diabetes, espero que te tranquilice saber que nunca ha existido una época mejor que la actual para empezar a controlar y mejorar esta patología. Los investigadores conocen hoy más que hace tan sólo cinco años sobre dietas, insulina, fármacos, complicaciones y otras muchas cosas más.

Déjame que hable de lo que yo llamo «diabetes de doble maldición», que procede del tipo de vida actual. Los orígenes de la diabetes tipo 2 resistente a la insulina pueden situarse en la epidemia de obesidad que surgió tras la segunda guerra mundial. La responsabilidad de preparar la comida empezó a pasar de la cocina familiar a las modernas fábricas y restaurantes, los cuales solían elaborar unos menús ricos en grasas y calorías. Y la gente empezó a consumir calorías a gran escala y a diario, al mismo tiempo que se quemaban menos calorías en la era tecnológica moderna. La solución obvia a la diabetes es recuperar la cocina familiar con la mayor frecuencia posible y estar físicamente activos a fin de quemar el mayor número de calorías posibles, a pesar de vivir en la era de la alta tecnología.

Los tres factores conocidos que aumentan el riesgo de sufrir diabetes tipo 2 son la obesidad, la edad y la falta de ejercicio. No podemos hacer nada con respecto a la edad, pero sí con los dos otros factores de riesgo: obesidad y ejercicio. En cuanto a los cambios en la dieta, lo cierto es que hubiera resultado mucho más fácil escribir este libro si existiera una dieta específicamente recomendada para todas las personas que padecen diabetes tipo 2. Pero no la hay. No todos los individuos con esta enfermedad son iguales, ya que cada uno necesita encontrar su propio plan de alimentación, actividad física o tratamiento médico, de manera que ello le lleve a unos niveles regulares de azúcar en sangre. Hay personas que parecen tener mejores niveles con alimentos poco grasos, mientras que otras funcionan mejor con alimentos más ricos en grasas monoinsaturadas (en las que de un 30 a un 40 % de las calorías provienen de las grasas). Pero con independencia del tipo de individuo que seas, necesitas las herramientas para escoger las mejores opciones alimentarias y el equilibrio de hidratos de carbono, grasas y fibra en la dieta diaria. También existen otras pautas con respecto a los alimentos y nutrientes que parecen ayudar a la mayoría de los enfermos de diabetes. También se comentará este punto.

La mayoría de los especialistas en esta enfermedad consideran que existen cuatro claves para controlarla:

1. Controlar el nivel de azúcar en sangre.
2. Hacer ejercicio de manera regular.
3. Hallar la dieta adecuada.
4. Seguir el tratamiento y la medicación.

Este libro dedica, obviamente, la mayor parte de su contenido a la tercera clave. Pero no te sorprenda encontrar también algunos consejos sobre la segunda. De hecho, hacer ejercicio de manera regular y controlar el azúcar en sangre son dos de los diez pasos alimentarios hacia la libertad que se tratan en el capítulo 4.

Asimismo, me gustaría presentar mi último libro *Food Synergy*, en el que explico cómo los componentes de los alimentos integrales, y entre diferentes alimentos, trabajan conjuntamente en el organismo y aportan el máximo beneficio. Así, por ejemplo, existen unos alimentos o sustancias alimentarias con una sinergia específica que pueden mejorar el nivel de azúcar en sangre: fibra, cereales integrales, fibras solubles en la avena, legumbres y semillas molidas.

Desearía que mientras leyeras este libro te sintieras como si fuéramos de la mano y yo caminara contigo a medida que avanzas. Sé que al padecer una diabetes tipo 2 puede ser difícil y a veces deprimente, ya que durante los últimos veinte años he llevado de la mano a mi padre en su andadura por esta enfermedad. Él no puso mucho interés en que su cuerpo viviera más y mejor con la diabetes, pero espero que tú sí lo hagas. He escrito este libro para ayudarte.

El mejor regalo que puedo ofrecerte es ayudarte a sentirte muy bien y a que controles la diabetes mientras tomas alimentos que adoras y con los que disfrutas. Este libro te acercará a ese objetivo, ya que ése es mi compromiso.

Capítulo 1

Quién, qué, dónde, por qué y cómo de la diabetes tipo 2

La diabetes está alcanzando unas proporciones de epidemia. Se trata de la primera o de la séptima causa de muerte en países como Estados Unidos, dependiendo de que en esas muertes se incluya a personas con diabetes que han fallecido, además, a causa de una enfermedad cardiovascular. Aproximadamente unos dieciocho millones de estadounidenses padecen en la actualidad diabetes, y muchos más la tendrán en los próximos años si continúa el aumento de la obesidad en las personas de la generación del *baby boom*, así como en los niños y en los adultos. Los especialistas afirman que alrededor de ocho a nueve millones de estadounidenses, por ejemplo, ni siquiera saben que sufren diabetes. Con frecuencia no se sabe hasta que el organismo resulta seriamente afectado. Pero, ¿de qué tipo de afectación se trata? Una diabetes incontrolada es causa principal de la ceguera, del fallo renal y de amputaciones de las extremidades, aunque un magnífico especialista me dijo una vez que la diabetes «controlada» es causa primordial de… ¡nada! Ésa es la verdad y también la buena noticia.

Cuando se tiene diabetes, el riesgo de padecer una enfermedad cardiovascular es cuatro veces superior. Por consiguiente, la información sobre qué comer en el caso de sufrir una diabetes tipo 2 tiene que incluir también datos sobre qué comer para reducir el riesgo de padecer una cardiopatía. De hecho, el tipo de alimentos y opciones que funcionan de una manera más óptima para los diabéticos (menos azúcar, menos sal, más fibra, carnes magras y proteínas vegetales, fruta y verdura, alimentos ricos en grasas monoinsaturadas y ácidos grasos omega) es excelente para cualquier persona *sin* diabetes que tan sólo desee comer bien y evitar las enfermedades; la única diferencia es que un individuo *con* diabetes necesita controlar cuidadosamente el nivel de azúcar en sangre y, como consecuencia, también los hidratos de carbono, la fibra y las grasas que toma cada día.

¿Qué es la insulina y cuál suele ser su función en el organismo?

El páncreas por lo general produce insulina, una hormona cuya misión principal es trasportar la glucosa (energía) a las células del organismo. Cuando el nivel de glucosa aumenta, el páncreas fabrica más insulina y la libera en el flujo sanguíneo. La insulina hace que las células eliminen el exceso de glucosa en sangre. En las células hepáticas y del esqueleto muscular, la insulina estimula la producción de glucógeno (acumulación de glucosa). En las células grasas y hepáticas, la insulina estimula la producción de grasa (energía almacenada). Al mismo tiempo, obstaculiza la trasformación de la grasa en energía (lipolisis), lo que ocasiona que el organismo dependa de manera más drástica de los hidratos de carbono digeridos para disponer de la energía cotidiana.

¿Qué es la diabetes tipo 2?

La diabetes tipo 2 es un trastorno metabólico que resulta de la incapacidad del organismo de fabricar la suficiente o adecuada insulina. Como ya se ha dicho, la insulina es una hormona que hace que las células trasformen el azúcar, los almidones y otros alimentos en energía. La diabetes tipo 2 es un resultado de la resistencia a la insulina, y puede aparecer cuando el organismo produce mucha insulina, pero ésta no puede realizar su tarea. Por alguna razón, las células se han hecho resistentes a la insulina. En la mayoría de los casos, el sobrepeso o la obesidad durante un cierto período de tiempo puede desencadenar una resistencia a la insulina, si bien hay personas que son obesas durante años y nunca llegan a desarrollar diabetes. Por ello, los científicos creen que hay personas que tienen una predisposición genética, que sus genes en ciertas condiciones, como la edad, el sobrepeso o un estilo de vida sedentario, les hacen más proclives a desarrollar una diabetes tipo 2. De un 90 a un 95 % de las personas con diabetes padecen la de tipo 2.

¿Cuáles son las señales de alerta de la diabetes tipo 2?

Hay personas con diabetes tipo 2 que no experimentan signos claros de esta enfermedad, pero que, sin embargo, pueden mostrar algunos de los siguientes síntomas:

- Infecciones frecuentes.
- Visión borrosa.
- Heridas que cuesta que cicatricen.
- Cosquilleo o adormecimiento en manos o pies.
- Sed anormal.
- Mayor frecuencia urinaria.
- Hambre intensa.
- Pérdida de peso inusual.
- Fatiga extrema.
- Irritabilidad.

¿Por qué hay personas que desarrollan una diabetes tipo 2?

La causa más común es la resistencia a la insulina, aunque no todas las personas con diabetes tipo 2 son iguales. La mayoría de los enfermos con diabetes tipo 2 empieza con un potencial de desarrollar la enfermedad como una predisposición genética basada en un historial médico o en un origen étnico, lo que por último se manifiesta a través de factores ambientales como el envejecimiento, el aumento de peso o un estilo de vida sedentario, lo que conduce a la resistencia a la insulina.

¿Puedo mejorar de la diabetes tipo 2 si cambio mi estilo de vida?

En los últimos diez años se han publicado importantes estudios documentados en los que se confirma lo conveniente que es el ejercicio físico para las personas que padecen diabetes o que tienen riesgo de desarrollarla. Recientemente, el Instituto Nacional de la Salud de Estados Unidos ha realizado un estudio para demostrar si era posible prevenir la aparición de la diabetes en un grupo de alto riesgo. En él se comparó un tratamiento que modificaba el estilo de vida con cambios saludables, como la nutrición, el ejercicio físico y una mínima pérdida de peso (¡el estilo de vida de Elaine Magee!) con otro basado en la medicación. ¿Imaginas lo que ocurrió? ¡El cambio de estilo de vida triunfó sobre el tratamiento con fármacos! El primero fue el doble de eficaz y de potente, con un porcentaje de reducción en la aparición de la diabetes de casi un 60 % frente al tratamiento médico, con un porcentaje de un 30 %.

¿La diabetes tipo 2 es consecuencia de la genética o del estilo de vida?

El estilo de vida, en vez de la genética, puede proporcionarnos la clave de tener un menor riesgo de padecer la enfermedad en el caso concreto de una mujer. Según los resultados obtenidos en el conocido Estudio sobre la Salud Femenina realizado con enfermeras, la mayoría de los casos de diabetes tipo 2 (nueve de cada diez) podrían evitarse realizando cierta actividad física, teniendo una dieta saludable, perdiendo un poco de peso, dejando de fumar y tomando alcohol con moderación (media o una bebida al día). La reducción del riesgo de padecer esta enfermedad fue el mismo en mujeres con un historial familiar que en mujeres sin él. Asimismo, hay que tener en cuenta que la diabetes es un riesgo importante para sufrir una enfermedad cardiovascular. Los investigadores que estudiaron a 85.000 enfermeras durante 16 años llegaron a la conclusión de que aproximadamente un 91 % de los 3.300 nuevos casos de diabetes tipo 2 diagnosticados durante el estudio podrían haberse evitado con ciertos cambios en el estilo de vida.

El exceso de grasa en el organismo fue el factor de riesgo más importante en el desarrollo de la diabetes tipo 2. Cuanto más pesaba una mujer, mayor era el riesgo de desarrollar la enfermedad, incluso teniendo el IMC (índice de masa corporal) más alto. Se estima que en Estados Unidos, por ejemplo, unos 97 millones de personas tienen sobrepeso o son obesas, lo que hace que tengan un riesgo alto de sufrir diabetes.

La falta de actividad física fue también un factor de riesgo significativo en este estudio, con independencia del peso corporal. Por el contrario, las mujeres que hacían seis o siete horas de ejercicio a la semana disminuyeron el riesgo en un 50 % en comparación con las mujeres sedentarias. Se considera que alrededor de un 75 % de la población estadounidense realiza a diario algún tipo de actividad física.

Las mujeres con el riesgo más bajo eran las que seguían una dieta rica en cereales con fibra y en grasas poliinsaturadas y baja en grasas trans y grasas saturadas, a la vez que se abstenían de fumar y bebían moderadamente (Estudio de salud en mujeres realizado con enfermeras, 2002).

¿Cuáles son las consecuencias de una diabetes incontrolada?

La diabetes no controlada es la principal causa de ceguera en los países occidentales en adultos en edad laboral, con 24.000 nuevos casos de ceguera al año en países como Estados Unidos. El Instituto Nacional Ocular de Estados Unidos estima que podrían evitarse un 90 % los casos de pérdida de visión. La diabetes no controlada es en muchos países la causa principal de insuficiencia renal en su última fase. Cada año, en Estados unidos, por ejemplo, unos 28.000 pacientes aproximadamente desarrollan insuficiencia renal en la última fase, pero en la actualidad, con todos los tratamientos disponibles, son casos que en muchas ocasiones se pueden evitar. En Estados Unidos, la diabetes sin tratar es la causa principal de las amputaciones no traumáticas de las extremidades inferiores. Hay que tener en cuenta que el hecho de que un 95 % de los casos puedan evitarse es un incentivo más para poder controlar bien la diabetes.

¿Cómo me ayudará este libro?

Soy consciente de que hace falta un tiempo para aceptar el diagnóstico de diabetes. Puede tratarse de unos cuantos meses o unos cuantos años, dependiendo de cada persona. Una buena amiga mía estuvo unos dos años en una fase que podría llamarse de «negación»: no hacía ejercicio, no se controlaba el azúcar en sangre, ni tampoco lo que comía. Fue una de las primeras personas a las que le regalé una copia de este libro. Cada vez que la veía le preguntaba si lo había leído, pero ella siempre me daba una excusa.

Finalmente, un buen día mi amiga me dijo: «Creo que lo mejor es que empiece a actuar como una diabética». De la noche a la mañana empezó a controlarse el azúcar en sangre, a contar los hidratos de carbono, las grasas, la fibra y también a hacer cierto ejercicio en los momentos en los que le dejaba su ajetreada semana laboral. Ahora se encuentra mucho mejor. ¿Sabes por qué? Al final se leyó el libro.

Si estás leyendo ahora este libro es muy probable que hayas aceptado ya que la diabetes forma ahora parte de tu vida. Quieres trabajar en ello, quieres controlarte el azúcar, reducir el riesgo de sufrir una coronariopatía, y, simplemente, encontrarte mejor. Y ya que deseas hacer esos cambios, este libro te resultará de ayuda.

¿Cómo puedo controlar la diabetes tipo 2?

Son muchos los especialistas que consideran que existen cuatro claves para controlar con éxito la diabetes:

1. Controlar el nivel de azúcar en sangre

Es necesario controlar el nivel de azúcar en sangre, pues ése es el modo de saber de manera inmediata que la cantidad de glucosa en sangre está dentro de la normalidad. Para proteger el organismo y evitar que desarrolle las complicaciones que rodean a la diabetes, es necesario mantener el nivel de glucosa en sangre dentro de los niveles estándar. Si el equipo médico que te trata sabe de qué manera la glucosa de tu organismo oscila día a día, podrá ayudarte a ajustar la medicación y a elaborar un plan dietético y unas pautas de ejercicio físico.

Medir el azúcar en sangre te permitirá saber de manera rápida si el tratamiento que sigues (dieta, ejercicio y medicación) está funcionando bien. Tienes que asegurarte de que el médico que te lleva te informe bien de cómo medir la glucosa y cómo registrar y anotar bien los datos para poder mostrarlos en las visitas de seguimiento.

Es muy importante controlar bien la diabetes. Después del descubrimiento de la insulina, el mayor avance en el tratamiento de la diabetes fue la posibilidad de controlar el azúcar en sangre.

La Asociación Norteamericana de la Diabetes recomienda como objetivo un nivel de azúcar en sangre de 90 a 130 mg por dl (mg/dl) antes de las comidas en diabéticos adultos. Y la Asociación Norteamericana de Endocrinólogos clínicos recomienda que en adultos el azúcar en sangre antes de las comidas sea igual o inferior a 110 mg/dl.

Por lo general, el nivel de azúcar en sangre se comprueba dos horas antes de comer, momento en el que según se cree la concentración de azúcar en sangre es mayor. La Asociación Norteamericana de la Diabetes recomienda que ese nivel sea de 180 mg/dl después de comer, mientras que la Asociación Norteamericana de Endocrinólogos clínicos aconseja en los adultos un nivel de 140 mg/dl también después de comer.

El nivel de hemoglobina A1c está directamente relacionado con la concentración de azúcar en sangre en los dos o tres meses previos. El test de A1c se efectúa a menudo dos veces al año en pacientes estables y en unas cuatro o más ocasiones en el caso de pacientes cuyos controles glucémicos varían y dan qué pensar. El objetivo del resultado del test A1c es menor o igual a un 7%. La tabla siguiente muestra los niveles medios de glucosa que guardan relación con diversos resultados de los test de A1c.

Hemoglobina A1c	Glucosa en sangre
6%	135 mg /dl
7%	170 mg/ dl
8%	205 mg /dl
9%	240 mg /dl
10%	275 mg /dl

2. Hacer ejercicio de manera regular

Hacer ejercicio puede ayudar de manera efectiva a controlar el nivel de azúcar en sangre. El ejercicio físico reduce la producción de insulina y también induce a las células musculares a tomar más glucosa del flujo sanguíneo. Con más glucosa en las células musculares, se produce más energía para que los músculos sigan funcionando.

El ejercicio, además de ayudar a controlar el nivel de azúcar en sangre, mejora el funcionamiento del sistema cardiovascular, reduciendo así el riesgo de padecer enfermedades coronarias, y, además, ayuda a perder peso, algo muy beneficioso para los diabéticos.

3. Planificar bien las comidas

Ésta es la clave en la que se apoya este libro para ayudarte, lector. Te permitirá seguir una dieta que mantenga el nivel de azúcar en sangre en índices normales, te protegerá de las cardiopatías y del aumento de peso y evitará que te sientas desamparado. Pero este libro no te va a hablar de una única manera de alimentarte, ya que no existe una dieta idónea para todos los diabéticos. Cada persona tiene diferentes factores de riesgo (obesidad, hipertensión, alto nivel de triglicéridos, diálisis por insuficiencia renal, etcétera) que necesitan tenerse en cuenta. En él expondré qué alimentos o comidas son más propensos a producir un nivel más alto de azúcar en sangre. Pero, si ya padeces esta enfermedad, advertirás que cada persona resulta afectada de manera distinta por un mismo alimento o comida, por lo que es útil anotar las inexplicables diferencias personales.

Por lo general, la mayoría de individuos con diabetes parece tolerar más una dieta más moderada en hidratos de carbono (alrededor de un 45 % de las calorías procedentes de los hidratos de carbono) y también en grasas (un 35 % de las calorías procedentes de las grasas).

Este tipo de dieta requiere, claro está, utilizar principalmente aceite de oliva, aceite de girasol y aguacate, alimentos ricos en grasas monoinsaturadas, mucho más aconsejables, y tomar un par de veces a la semana un poco de pescado, puesto que se trata de un alimento rico en ácidos grasos omega 3.

4. Estudiar junto al médico y el dietista el tratamiento específico para esta patología

Es importante trabajar conjuntamente con el equipo médico, sobre todo si el tratamiento incluye la insulina.

¿Qué papel tiene la insulina en el tratamiento de la diabetes tipo 2? Algunos investigadores creen que administrar más insulina puede provocar un aumento de la grasa corporal, afirmación que se expuso en marzo de 2008 en una rueda de prensa en el Southwestern Medical Center de la Universidad de Texas. Según nuevos estudios, si bien en dosis altas la insulina puede reducir el nivel de glucosa, también puede incrementar las moléculas grasas y causar daños orgánicos. El Dr. Roger Unger, catedrático de medicina interna del Southwestern Medical Center, después de más de cincuenta años investigando la diabetes, la obesidad y la resistencia a la insulina, considera que el tratamiento con insulina no es quizás la opción óptima para tratar la diabetes tipo 2 con resistencia a la insulina, ya que incrementa los ácidos grasos que originan esta patología. El tratamiento más racional, según él, pasa por eliminar el exceso de calorías, con lo que se reduce la cantidad de insulina en sangre y la síntesis de ácidos grasos potenciados por el alto nivel de insulina.

Según el Dr. Unger, antes de recurrir a la insulina, un tratamiento que se debe tener en cuenta es la intervención bariátrica quirúrgica. Para muchos pacientes con diabetes tipo 2, el exceso de grasa es el que causa la resistencia a la insulina y mata las células beta productoras de insulina en el páncreas. El objetivo, pues, se centra en corregir la resistencia a la insulina reduciendo la grasa corporal. Así pues, es posible que los pacientes con sobrepeso, mal controlados y con una diabetes tipo 2 resistente a la insulina se beneficien más perdiendo peso y cambiando de estilo de vida que con un tratamiento intensivo de insulina.

Pero este tema sigue siendo bastante polémico entre los investigadores de esta enfermedad, máxime cuando algunos investigadores chinos han afirmado recientemente que cuando se administra insulina a pacientes a los que se les acaba de diagnosticar una diabetes tipo 2 parece mejorar el funcionamiento de las células b (las células del páncreas que producen insulina) en comparación con la administración a esos mismos pacientes de agentes hipoglucémicos por vía oral.

¿Dónde puedo conseguir más información?

En muchos países puedes buscar un consultor especializado en diabetes en tu barrio (muchos ofrecen consultas individualizadas y también clases para personas diabéticas).

Si deseas un listado de dietistas homologados en el lugar donde vives, consulta con tu médico, ya que él podrá informarte de madera adecuada.

Lo más probable es que te puedan ofrecer un folleto con la información pertinente, como números de teléfono, grupos de apoyo para diabéticos, asesores, educadores, entrenadores, gimnasios, etcétera. Si no disponen de esa información, busca dónde encontrarla. En muchos hospitales hay grupos de apoyo y son un buen lugar para empezar.

23

Capítulo 2

Las tres señas de identidad más importantes de la diabetes tipo 2

Sé que es posible que te sientas como si hubieras estado llevando últimamente la etiqueta de «diabetes tipo 2», y que los profesionales de la salud y otras personas agrupan a todos los diabéticos tipo 2 en un mismo saco. Lo cierto es que los individuos que padecen esta enfermedad atienden a diferentes formas y características y tienen distintos problemas médicos y diversos factores de riesgo. En cada persona, los riesgos de salud y los problemas médicos, además de la diabetes tipo 2, definen los tratamientos que debe seguir para encontrarse mejor y vivir más. Es importante poner sobre la mesa esos otros temas para comprender mejor cuáles son las prioridades personales y dietéticas de cada persona y cómo la diabetes tipo 2 puede variar de un paciente a otro.

Existen ciertas características destacables en los individuos que sufren diabetes tipo 2, y en este capítulo hablaremos de algunas de ellas.

I. Perder peso

La buena noticia es que perder peso reduce en gran medida el riesgo de sufrir diabetes tipo 2, y en el caso de padecer la enfermedad, contribuye a mantener bajo control el nivel de azúcar en sangre. El reto es perder realmente peso y después mantenerlo en el tiempo. En primer lugar, déjame decirte que no estás solo. He pasado gran parte de mi vida esperando perder peso, así que comprendo lo difícil que es. Sé que a menudo la gente delgada come más y hace menos ejercicio que las personas más gruesas. Sé lo que es comer de manera sana, hacer ejercicio a diario y aun así no perder peso.

Sé que la mayoría de los estadounidenses tenemos sobrepeso, pero lo que me dejó estupefacta fue enterarme de que según los datos de la encuesta del Centro Nacional de Estadística de la Salud de los años 1981 a 1991, los adultos estadounidenses habían aumentado unos 3,6 kilos de peso desde la última encuesta, que comprendía los años de 1976 a 1980. Sin tener en cuenta un sector cultural determinado, ni género, ni edad, el aumento de peso todavía sigue.

¿Cómo puede ser? Empresas como Atkins, Jenny Craig, Weight Watchers, Slim Fast y otros gigantes grupos millonarios llevan décadas lidiando contra el exceso de peso. Nunca antes se había dispuesto de tantos alimentos pobres en calorías. Si volvemos a las bases del control de peso, podremos aclarar alguna cosa más respecto a este delicado tema.

Tal vez habrás oído que en la cuestión del control de peso una de las primeras cosas que los profesionales preguntan es si las calorías «entrantes» igualan a las calorías «salientes». Esto se debe a que el efecto neto del exceso de calorías (más de las que el organismo necesita), incluso en forma de proteínas, aumenta la cantidad de grasa almacenada (grasa corporal). Sabemos que la mayoría de los estadounidenses, por ejemplo, no están exactamente incrementando sus calorías «salientes». Debido a la combinación de diversos factores de la vida moderna (televisión, largos trayectos hasta el lugar de trabajo, ordenadores, etcétera), los estadounidenses se han vuelto más sedentarios.

¿Y qué ocurre con las calorías «entrantes»? Es cierto que de promedio las personas comieron menos grasas en el porcentaje total de calorías durante el período de la encuesta (se redujeron de un 36 a un 34 %), pero la cantidad total de calorías diarias ascendió a 231 de promedio en comparación con el período de 1976-1980. Ahora, la pregunta del millón: ¿Por qué los estadounidenses, por ejemplo, aumentan de repente la cantidad total de calorías que ingieren precisamente en un momento en que el país está más obsesionado que nunca con las dietas y mucho más preocupado por comer sano?

Quizás porque un gran sector de la población estadounidense sigue una dieta en un momento dado, y continúa subido a la montaña rusa de las dietas estrictas y de la obsesión: privaciones, comilonas y culpabilidad, más dietas estrictas y más obsesiones, así una y otra vez. Los estudios confirman que la gran mayoría de las personas que siguen una dieta vuelven a ganar después el peso que han perdido. Es posible que esos 3,6 kilos de más sean el resultado de un país que sigue las dietas de una manera continua, crónica.

Entonces, ¿qué podemos hacer al respecto?

- **¡Dejar de hacer dieta!** Sabemos a ciencia cierta que no funcionan, que en realidad van en contra del individuo.
- **Comer cuando se tiene hambre y dejar de comer cuando nos sentimos saciados y cómodos.** Cuando hacemos dieta, nos forzamos por hacer caso omiso de la sensación natural de hambre, pero con ello también desoímos la sensación de sentirnos «cómodos». Reaccionamos a la privación y a la negación del hambre comiendo más de la cuenta. A fin de dejar de comer en exceso, es necesario que dejemos de hacer dieta y que empecemos a escuchar a nuestro organismo para saber cuándo tiene realmente hambre y cuándo se siente cómodo. Pero por desgracia, todo esto puede ser un poco más difícil para las personas con diabetes tipo 2. Se cree que la bioquímica de la enfermedad altera la regulación natural del hambre, de modo que el paciente debe prestar atención a ésta y comer hasta sentirse cómodo, dentro del plan previamente ideado con el CDE (consultor especializado en diabetes) para mantener el azúcar en sangre a un nivel normal.
- **Tener cuidado con las calorías que se beben.** El cuerpo tiene a no darse por satisfecho con las calorías bebibles, y optar por bebidas más saludables es una manera sencilla de reducir el exceso de calorías.
- **Comer más despacio.** Tienen que pasar al menos unos 20 minutos hasta que el cerebro capte el mensaje de que el estómago está oficialmente «cómodo» y que debemos dejar de comer. Si comemos despacio, el cerebro puede trabajar a la par con el estómago, y hay más posibilidades de no comer en exceso. A continua-

ción, mencionamos algunos consejos para ralentizar el proceso de comer:
— Comer despacio y masticar con tranquilidad.
— No comer de pie, ya que el cerebro y el estómago perciben mejor que estamos comiendo si nos encontramos relajados y disfrutando de la comida.
— Beber antes de comer un vaso de 350 ml de agua
- **Empezar a hacer ejercicio.** El ejercicio ayuda al organismo de muchas maneras; además, se trata de uno de los modos más rápidos de aumentar las calorías «salientes» (*véase* el paso n.º 10 del capítulo 4 acerca de cómo hacer ejercicio cuando no gusta).
- **Empezar a contar** los hidratos de carbono, las grasas y la fibra tan a menudo como se pueda a fin de controlar mejor el azúcar en sangre. Pero esto es algo que no hay que hacer siempre, durante toda la vida. Se puede empezar a contar todo esto cada día hasta que el nivel de azúcar esté bajo control. Después, si el azúcar se mantiene en niveles normales, el recuento se producirá una vez por semana o una vez al mes.

Si se toma buena nota de lo que se come y del ejercicio que se hace, uno mismo y el especialista podrán entender mejor qué cambios pueden llevarse a cabo para perder peso.

Hacer dieta o no hacer dieta

Los estadounidenses piensan que una vez finalizadas las vacaciones «es el momento» de empezar a hacer dieta, y como ellos mucha gente. Pero cuando llega el momento de elegir una dieta, la responsabilidad está en el comprador, según afirmó la Federal Trade Commissión el 17 de septiembre de 2002. Los investigadores averiguaron que el 55 % de los anuncios para perder peso contenían como mínimo una afirmación falsa o no fundamentada. ¿En realidad nos sorprende? Cerca de la mitad de los anuncios afirma que se puede perder peso sin hacer dieta ni ejercicio.

Ninguna de las dietas de moda que proclaman una pérdida de peso rápida y frenética funciona a largo plazo. Eso es algo que algunos ya intuimos, pero cada vez que oímos decir que alguien ha perdido 9 kilos no podemos dejar de animarnos, y tampoco de preguntarnos ¿cómo lo ha hecho? No podemos dejar de presenciar a diario incontables anuncios de televisión que presentan productos y dietas para perder peso.

Si en un futuro próximo vas a iniciar una de esas dietas, debes tener en cuenta que en las dietas de moda la pérdida de peso es pasajera. Un estudio llevado a cabo por el Departamento de Agricultura de Estados Unidos ha revelado que la mayoría de las dietas de moda ayudan a perder peso, pero no existe ninguna evidencia de que permitan mantener esa pérdida. Gran parte de esas dietas funcionan a corto plazo porque son dietas hipocalóricas disfrazadas.

Realidad acerca de la pérdida de peso: la única manera de perder peso sin medicación ni intervención quirúrgica alguna es consumir menos energía (calorías) de la que el cuerpo necesita. No existen ingredientes mágicos ni combinaciones de alimentos que cambien este hecho metabólico básico.

Pero más pronto o más tarde la gente que ha perdido peso con éxito recupera sus hábitos alimentarios, y, por tanto, el peso que ha perdido en unos dos años aproximadamente (Denke M. «Metabolic effects of high protein, low-carbohydrate diets» [Efectos metabólicos de las dietas hiperproteínicas y bajas en hidratos de carbono] Am J. Cardiol [2001]; 88:59-61). La manera de comer que elegimos debe ser práctica y saludable a lo largo de toda la vida. La mayoría de las dietas de moda no son así.

Nadie quiere oírlo, pero no existe ningún tratamiento o dieta milagrosa para perder peso. La mejor apuesta consiste en el probado método de comer menos y de una manera más sana y hacer más ejercicio.

Así que, una vez se está dispuesto a comer menos y más sano y hacer más ejercicio, ¿cuál es la mejor «dieta» o la mejor manera de comer? ¿La popular dieta hiperproteínica y pobre en hidratos de carbono? ¿La baja en grasas y rica en hidratos de carbono? ¿O quizás la moderada en grasas pero haciendo hincapié en elegir las mejores proteínas, grasas e hidratos de carbono? Todas funcionarán siempre que las calorías que uno tome sean inferiores a las que gasta, pero en términos de salud, ¿cuál es la mejor?

¿Dónde está la fruta y la verdura?

En vez de, ¿dónde está la carne? (frase muy popular en el mundo occidental, y también en Estados Unidos a raíz de un anuncio de una cadena de alimentación), una pregunta crítica cuando se evalúan diferentes dietas es: ¿dónde está la fruta y la verdura? Recientes estudios han revelado que la obesidad es menor entre quienes comen siete o más raciones de fruta y verdura al día (la clave de estas investigacio-

31

nes proviene de Produce for Better Health Foundation, Press Release, 21 de octubre de 2002). Tal vez no sea una simple casualidad que mientras los estadounidenses han engordado más en los últimos diez años, el consumo de fruta y verdura ha descendido en ese mismo período y en todo Estados Unidos cerca de un 14%. Todos sabemos que las frutas y las verduras son beneficiosas. Conozcamos el motivo: la mayoría de ellas contienen hidratos de carbono (las verduras contienen, además, algunas proteínas vegetales).

Unos 150 gramos de brócoli cocido al vapor contiene 44 calorías, 4,5 gramos de proteínas, 8 gramos de hidratos de carbono, 5 gramos de grasa y 4,7 gramos de fibra. Y una manzana grande contiene 125 calorías, 4 gramos de proteínas, 32 gramos de hidratos de carbono, 7 gramos de grasa y 4,2 gramos de fibra. Ambos productos poseen una buena dosis de hidratos de carbono saludables, completados con fibra.

¿Estás perdiendo grasa, masa corporal o líquido?

Nadie pondría en duda que el principal objetivo de perder peso es perder grasa y no masa corporal (músculo). La pérdida de líquido es rápida y temporal, de modo que finalmente el cuerpo necesitará restablecer el equilibrio de líquidos y volver a ganar los kilos de líquido perdido.

La dieta ideal para adelgazar debe aportar los suficientes hidratos de carbono para evitar el desmoronamiento muscular y proteínico, las suficientes proteínas de buena calidad para cubrir las necesidades del organismo y las grasas necesarias para satisfacer los requisitos de ácidos grasos.

A continuación se muestra tres grandes grupos de dietas, con sus puntos fuertes y sus puntos débiles, y algunos consejos que se deben tener en cuenta para decidir (tras consultar con tu médico o dietista) cuál es la mejor para ti.

Dieta hipercalórica y baja en hidratos de carbono. ¿Te suenan estas dietas: Atkins, South Beach, Protein Power y Sugar Busters? Este tipo de dietas hacen perder peso con rapidez durante la primera semana. Aunque es lo que sucede en un principio, en gran parte lo que se pierde es líquido. El organismo necesita un constante aporte de energía (glucosa), de manera que sin hidratos de carbono en la dieta, utiliza el depósito de glucosa del cuerpo (el almacén donde el cuerpo guarda algunos hidratos de carbono extra). Por cada gramo de glucosa perdido, el organismo también pierde de dos a cuatro gramos de líquido. Un estudio reciente ha demostrado que la mayoría de los kilos perdidos en una dieta baja en hidratos de carbono y rica en proteínas es a cuenta de la pérdida de líquido en el cuerpo (Denke M. «Efectos metabólicos de las dietas hiperproteínicas y bajas en hidratos de carbono» *Am J. Cardiol* [2001]; 88:59-61).

La Asociación Norteamericana de Cardiología ha advertido de manera oficial acerca de las dietas hipercalóricas. En un comunicado al personal clínico concluía diciendo que las personas que siguen dietas hipercalóricas corren el «riesgo de sufrir carencias de vitaminas y minerales, así como trastornos cardíacos, renales y óseos» (*Circulation*, 104, n.º 15 [2002]; 1869-74). Según el informe de esta asociación, «los efectos beneficiosos de los lípidos en la sangre y la resistencia a la insulina se deben a la pérdida de peso, no al cambio de composición calórica». El estudio nos recuerda, asimismo, que no existen estudios científicos de largo recorrido que avalen la eficacia total de las diferentes dietas hiperproteínicas.

La ventaja de este tipo de dietas es que se pierde peso con rapidez, lo cual hace que algunas personas reciban el estímulo que necesitan para realizar cambios a más largo plazo en sus hábitos alimentarios y en su estilo de vida. Pero perder peso con demasiada rapidez también puede ser un problema. Cuando se pierden kilos con celeridad, los cambios en la composición corporal, y en especial la pérdida de masa corporal, pueden acabar en sobrepeso a largo plazo. Si se pierde peso rápidamente, la tendencia es perder también cierta masa corporal (proteína muscular), pero si vuelve a recuperar el peso enseguida, lo que suele pasar es que los kilos vuelven principalmente en forma de grasa corporal.

Existen otras ventajas: según parece, las dietas ricas en proteínas son más saciantes. Las personas que las siguen se sienten más llenas y suelen comer menos después de una comida con un alto contenido en proteínas (más del 25% de calorías procedentes de proteínas). Los alimentos ricos en proteínas se desplazan con menos celeridad del estómago a los intestinos que los ricos en hidratos de carbono (refinados), con lo que la sensación de saciedad dura más.

Según un estudio, dos de cada cinco dietas hiperproteínicas del mercado puntúan más alto desde el punto de vista nutricional que las otras. Hay dietas, como Zone y Sugar Busters, que no limitan, al menos no tan estrictamente, los hidratos de carbono a menos de 100 gramos al día, y la cantidad de grasa total y de grasa saturada no es excesiva (más del 30% de calorías procedentes de grasas y un 10% de calorías de grasas saturadas; *Circulation*, 2001, vol.104, n.º 15, págs. 1869-1874).

En resumen: estas dietas no *pueden* y no *deben* seguirse durante un largo período de tiempo. Están generalmente asociadas a un mayor consumo de grasas, grasas saturadas y colesterol, si se opta por proteínas en su mayoría de fuentes animales. A largo plazo, las dietas hiperproteínicas pueden incrementar el riesgo de padecer ateroesclerosis (un estudio mostró que esas dietas aumentan el nivel de colesterol en sangre y pueden incrementar el riesgo de sufrir una enfermedad coronaria en el 50 % de los casos de uso prolongado (*J. Am Coll Nutr* 2000; 19: 578-590). El Dr. Thomas Lee expuso en «Harvard Heart Letter», de marzo de 2002, que en la mayoría de las personas que siguen una dieta hiperproteínica (mucho queso, carnes rojas y otros alimentos ricos en grasas), los niveles de colesterol, especialmente el LDL (el colesterol malo) se elevan y que suprimir alimentos que reducen el colesterol (vegetales ricos en fibra) no hace otra cosa que potenciar el problema.

Hay otro factor que se debe tener en cuenta con este tipo de dietas ricas en proteínas: cuantas más proteínas se ingieren, más calcio se excreta. Las dietas hiperproteínicas, si se siguen durante mucho tiempo, aumentan el riesgo de padecer osteoporosis debido al exceso de excreción de calcio y a que se produce una carga extra en los riñones, los cuales tienen que eliminar grandes cantidades de residuos de nitrógeno procedentes de la importante ingesta de proteínas, en especial cuando se pierde mucho líquido por la traspiración o por no tomar suficiente líquido, cosa que contribuye a la deshidratación.

Entre las consecuencias a corto plazo a la hora de seguir una dieta basada en muchas proteínas y en alimentos grasos, cabe enumerar: deshidratación, diarrea, debilidad, cefalea, mareos y mal aliento. Este tipo de dieta, además, no suele incluir la suficiente cantidad de fruta y verdura necesaria para una buena salud.

¿Qué papel juega la dieta South Beach en esto? De manera parecida a la dieta Atkins, esta dieta es pobre en hidratos de carbono durante la llamada «fase 1». Pero en la segunda fase, la dieta permite los hidratos de carbonos saludables, como los integrales, los cereales ricos en fibra y fruta, y, de vez en cuando, chocolate, vino tinto y algunos alimentos que antes estaban prohibidos, como los yogures semidesnatados.

Dieta rica en hidratos de carbono y muy pobre en grasas. Lo más positivo de este tipo de dieta es que contribuye a llevar un hábito alimentario saludable, ya que recomienda tomar mucha fibra, hidratos de carbono con un índice glucémico bajo (las frutas, verduras, legumbres y cereales integrales suelen tener índices glucémicos más bajos), y aporta los suficientes ácidos grasos esenciales y vitaminas liposolubles de las grasas que se toman con ella.

Otra ventaja es que esta dieta es mejor en comparación con las dietas bajas en hidratos de carbono. Un estudio estadounidense sobre dietas populares demostró que la calidad dietética (mesurable por la variedad de la dieta y por la ingesta de cinco grupos de alimentos, grasas, grasas saturadas y sodio) es mayor en las dietas ricas en hidratos de carbono y menor en las dietas pobres en éstos. Ese mismo estudio muestra otra ventaja más a la hora de consumir más hidratos de carbono: el índice de masa corporal (IMC) es menor en las personas que siguen dietas ricas en hidratos de carbono y mayor en las que siguen dietas pobres en ellos (Kenedy *et al.*

«Popular diets: correlation to health, nutrition and obesity» [Dietas populares: Correlación entre salud, nutrición y obesidad], *JADA* 101 (2001); 411-420.

El problema con la dieta pobre en grasas y rica en hidratos de carbono es que habrá quien se sienta tentado a consumir hidratos de carbono con índices glucémicos más elevados (alimentos refinados y con azúcar concentrado), los cuales se digieren con rapidez y ocasionan un gran aumento de la glucosa en sangre y de la insulina tras las comidas. Algunas pruebas clínicas han determinado una menor pérdida de peso en las dietas con un alto índice glucémico en comparación con aquellas de bajo índice glucémico, y en algunos estudios sobre la alimentación a corto plazo se vio que cuando desciende el índice glucémico, suele aumentar la sensación de saciedad (Pawlak *et al.* «Should obese patients be counseled to follow a low-glycemic-index diet?» [¿Debe aconsejarse a pacientes obesos que sigan una dieta hipoglucémica?] *Obes Rev 3,* n.º4 [2002]: 235-243).

En resumen: elige sobre todo los hidratos de carbono idóneos (ricos en fibra y en nutrientes con índices glucémicos más bajos), y asegúrate de tomar las suficientes proteínas y grasas (aceite de oliva, pescado, etcétera) que satisfagan las necesidades de tu organismo.

Una manera de comer más equilibrada y moderada. A este modo de comer no se le suele calificar como dieta, pues existen muy pocos estudios sobre ello y la pérdida de peso. Pero si combináramos lo mejor de la dieta rica en hidratos de carbono con lo mejor de la dieta hiperproteínica, ¿no obtendríamos lo *mejor de ambos mundos*? En un reciente estudio se comprobó cómo una dieta baja en grasas con un 25 % de calorías procedentes de proteínas conducía a una notable reducción de la ingesta calórica y a una mayor pérdida de peso y de grasas en un período de seis meses frente a una dieta baja en grasas con una menor ingesta de proteínas: 12 % de calorías provenientes de grasas (*Int J Obes Relat Metab Disord 23* (1999) 528-5366). Algo que parece alentador.

Definitivamente, si este modo de comer hace especial hincapié en alimentos con más fibra, ricos en hidratos de carbono con nutrientes (cereales integrales, legumbres, frutas y verduras) y en proteínas animales bajas en grasas (carnes magras, pescado, pollo sin piel, lácteos desnatados y/o proteínas vegetales), así como en utilizar algunas de las mejores grasas vegetales para cocinar (aceite de oliva y de girasol), esta dieta es lo *mejor de ambos mundos (dietéticos).*

En una dieta para perder peso hay que preguntarse lo siguiente:

- ¿Tiene en cuenta los hábitos cotidianos, las preferencias y los factores de riesgo?
- ¿Son realizables los objetivos marcados (de medio a un kilo)?
- ¿Hay en ella una ingesta mínima de un 45 % de calorías procedentes de hidratos de carbono? En el caso de las mujeres, en una dieta de 1.200 calorías, debe haber al menos 135 gramos de hidratos de carbono al día; y en los hombres, en una dieta de 1.500 calorías, unos 169 gramos de hidratos de carbono.
- ¿Comprende una ingesta mínima de 150 gramos diarios de hidratos de carbono?
- ¿Incluye todos los grupos alimentarios?
- ¿Hace hincapié en la ingesta de fibra?

- ¿Recomienda hacer ejercicio de manera regular?
- ¿Se basa en cambiar los hábitos alimentarios a largo plazo?

1. Tengo «sofá-itis»

La primera cosa que los médicos te dicen después de diagnosticar una diabetes tipo 2 es «pierda peso», y la segunda cosa es probable que sea «haga ejercicio». La cuestión es que la actividad física marca la diferencia entre perder o no perder peso; controlar el azúcar en sangre o no hacerlo; inyectarse insulina o no tener que hacerlo; tomar una dosis alta de insulina o una dosis más baja. Se ha demostrado que el ejercicio físico reduce la hipertensión en sólo diez semanas, además de disminuir el riesgo de padecer cáncer y coronariopatías.

El ejercicio hace mucho más que reducir factores de riesgo, ya que aporta, además, beneficios a nivel psicológico. Sencillamente hace que uno se sienta mejor, suele estimular el un mejor descanso y sueño, y aporta más energía durante el día. Además, hace que uno se sienta mejor con su cuerpo, aunque no se pierda peso, y reduce la presión y el estrés.

Yo puedo insistir una y otra vez en los diversos y variados beneficios (a corto y largo plazo) del ejercicio y la actividad física, e incluso puedo darte la mano y estar a tu lado un mes para que te habitúes a hacer ejercicio, pero más pronto o más tarde todo esto va a depender de una sola persona: de ti mismo. Al final, la responsabilidad recae sólo en ti.

El primer paso, aparte de aceptar que tienes diabetes, es comprometerse a hacer ejercicio durante un mes, recordando siempre que hay que empezar despacio. Para obtener importantes beneficios en cuanto al control de azúcar en sangre, lo mejor es hacer ejercicio de 5 a 6 veces por semana (aunque sólo sean sesiones de 15 minutos). Al final del mes es más que probable que experimentes muchas de las ventajas físicas y psicológicas del ejercicio y que estés, esperémoslo así, adecuadamente «enganchado».

Vamos a ver cómo empezar:

- Visita a tu médico y asegúrate de que puedes empezar con tus planes para hacer ejercicio.
- No hagas de ello un concurso para perder peso, céntrate en la salud y en controlar mejor el azúcar en sangre.
- Tiene que ser divertido. Si no, decididamente, lo abandonarás.
- Descubre cuáles son tus preferencias/necesidades y tenlas en cuenta a la hora de trazar un plan de ejercicios.
- ¿Te gusta la actividad física en el exterior o a puertas cerradas?
- ¿Te gusta hacer ejercicio solo, en compañía o en grupo?
- ¿Te gusta el ambiente del gimnasio?
- ¿Qué hora del día te parece la mejor para comprometerte a hacer ejercicio?
- ¿Tienes algunas limitaciones físicas considerables? Si tienes problemas en las articulaciones, por ejemplo, la natación o el ejercicio aeróbico en el agua pueden ser un buen comienzo.
- ¿Qué te gusta hacer? Aunque tu respuesta sea char-

lar o ver la televisión, ambas cosas pueden incluirse en el ejercicio físico. Si te gusta charlar, salir a caminar con un amigo puede ser una buena opción. Si sientes predilección por ver la televisión, puedes utilizar aparatos que te permitan hacer ejercicio en la comodidad de tu casa mientras visionas tu programa favorito.

Cada pequeño paso ayuda

Si no te ves haciendo ejercicio en sesiones de 30 minutos o más, puedes dividirlas en pequeños intervalos de 10 minutos. Diez minutos de actividad por aquí y por allá van sumando beneficios. Cualquier método para aumentar la actividad física a lo largo del día contribuirá a la causa.

A continuación, muestro unos cuantos consejos para mantener la actividad física mes tras mes:

- Sea cual sea el lugar que elijas para hacer ejercicio (gimnasio, parque o piscina), **no debe estar a más de 20 minutos** de tu casa o de tu trabajo.
- **Empieza un diario de ejercicios** o sigue la agenda «Un vistazo al día» (págs. capítulo 4). Así podrás seguir tus progresos y también saber qué cosas te van peor o te ayudan menos a controlar el nivel de azúcar en sangre.
- **Traza un plan B.** Idea unas opciones alternativas para hacer en casa. En invierno, por ejemplo, puede que no te apetezca tanto hacer ejercicio fuera de casa por el frío o porque oscurece antes. O es posible que

un atasco te impida llegar a tiempo a las clases. El plan B puede consistir en pedalear en una bicicleta estática o en seguir las instrucciones de un vídeo de ejercicios.

- **Modifica tu programa de ejercicios.** Si, por ejemplo, vas a clase de baile dos veces a la semana, puedes añadirle dos veces al mes una sesión de ejercicios mientras caminas. Yo, por ejemplo, bailo jazz dos o tres veces por semana y el resto de los días salgo a dar una vuelta por mi barrio y por la noche me pongo un rato con la bicicleta estática mientras veo mi programa favorito de televisión.

- **Realiza durante el día diversas actividades físicas.** Puede ser pasear al perro, ir a hacer un recado a pie, subir unas cuantas escaleras, o ir a caminar en tu hora de comer.

- **Consulta con un entrenador personal cada tres meses.** Un entrenador te dirá qué cosas específicas puedes hacer según tu experiencia personal y tus gustos. Busca un entrenador en la zona en la que vives, y le podrás consultar las dudas que tengas acerca del ejercicio.

- **Intenta hacer cosas nuevas a fin de no aburrirte.** Puedes asistir a una clase nueva en algún lugar de tu barrio o en algún local de tu comunidad. Prueba con una sesión de baile country, yoga, ejercios aeróbicos en la piscina, taichí o cualquier otra cosa.

- **Lo que elijas tiene que gustarte realmente.** Se trata, claro está, de algo personal, pero lo que más gusta a la mayoría de la gente es caminar. Es fácil, gratis y sólo requiere un par de zapatos cómodos. Busca alrededor de tu casa o de tu trabajo algún parque o zona verde por la que puedas pasear después de cenar, a la hora de tu descanso para comer, o los fines de semana.

- Si eres de ese tipo de personas a las que les motiva un objetivo diario, piensa en la posibilidad de usar un podómetro. Verás día a día cómo aumentan las cifras del podómetro y podrás marcarte el número de pasos que quieres conseguir cada día, algo que motiva a muchas personas a seguir moviéndose y caminando. Habla con tu médico, pero los 10.000 pasos al día que dan las personas muy activas después de intentarlo con tesón son muy saludables. Es posible que el médico te recomiende empezar con 5.000 pasos diarios e ir aumentándolos hasta conseguir los 10.000.

2. Equipo para hacer ejercicio en casa

Las bicicletas estáticas y las reclinadas (en las que se puede apoyar la espalda) tienen mucho éxito entre los antiguos adictos al sofá. Uno puede pasar directamente del sofá a la bicicleta, y si se quiere se puede colocar un ventilador delante.

Antes de optar por empezar a hacer ejercicio en bicicleta hay unas cuantas cosas que se deben tener en cuenta:

- Asegurarse de que el asiento se ajusta de manera adecuada al cuerpo.
- El asiento tiene que ser amplio y cómodo.
- Si se opta por una bicicleta estática, uno puede plantearse que la rueda que queda en el aire proporcione una ligera brisa (ayuda a refrescar) y que el manillar se mueva (evita tener que inclinarse).

- Muchas personas cometen el error de comprar un equipo muy barato. Ya sé que es tentador. Un equipo bueno, de los que duran toda la vida, puede costar alrededor de unos 700 euros. Es una cifra escandalosa, lo sé. Pero si se compra un equipo de los que se rompen con el uso, lo más probable es que se rompa enseguida o que uno se canse de él porque es incómodo. ¿No es mejor comprar una pieza bien hecha que tres más baratas y que se dejarán de utilizar al cabo de unos meses? Muchas tiendas ofrecen pagar el equipo a plazos, y también hay lugares que venden equipos de segunda mano, lo cual hace que resulte más económico.

Otro consejo: no comprar instrumentos para hacer ejercicio por catálogo ni después de ver un anuncio por televisión. Tienes que probarlo antes de comprar, así que sécate el sudor y ve a la tienda de deportes. Diles lo que quieres y pruébalo durante 20 o 30 minutos. Sólo entonces podrás decir si te será cómodo utilizarlo en casa un mínimo de 30 minutos.

Si deseas el equipo mejor diseñado, consulta alguna publicación especializada, pero recuerda que la mejor manera de saber si te va a gustar es probándolo.

3. El adicto a la comida basura

¿Eres un adicto a la comida basura? Por comida basura se suele entender una cantidad enorme de calorías y muy poca cantidad de nutrientes.

El problema con este tipo de comidas (muchas calorías en una pequeña proporción de alimentos, poco contenido en fibra y agua y pocos nutrientes) es que suelen proporcionar menos sensación de saciedad, lo que hace que se consuman más calorías, algo que potencialmente conduce a la obesidad. ¿Suena familiar, verdad?

Gran parte de lo que llamaríamos «comida basura» se encuentra en los «tentempiés» y en la «comida rápida». Los populares tentempiés se hallan, por lo general, empaquetados o preparados de manera industrial, y se trata de cosas como las patatas chips, los doritos, los bocaditos de queso, las barritas dulces, las galletas, etcétera. No deberíamos subestimar el aporte de los tentempiés al total de calorías que ingerimos. Entre 1977 y 1996, en Estados Unidos, por ejemplo, ese aporte al total de calorías en niños de 2 a 5 años fue de un 30 %, según un artículo publicado en la *Revista médica de Chile*. La comida basura se encuentra también en las cadenas de comida rápida de todo el país en forma de patatas fritas, *nuggets* de pollo, batidos, refrescos, etcétera, y todos sabemos lo influyente que es este tipo de comida en la cultura estadounidense. Después, hay otro tipo de alimentos, como los cereales del desayuno, que parecen sanos pero que contienen ingredientes que pueden considerarse definitivamente «comida basura», pues en su mayoría contienen azúcar o sirope de maíz rico en fructosa y harina blanca o maíz molido.

Hay que tener en cuenta que hay quien considera comida basura a unos alimentos y hay quien no. Hay quien, por ejemplo, dice que la pizza es comida basura, pero, sin embargo, para mí, no lo es al cien por cien, pues contiene buenos nutrientes procedentes de alimentos auténticos como el queso y la salsa de tomate. Y si está hecha con harina de trigo integral o semiintegral y se le añaden verduras, abandona la categoría de comida basura. No se pueden comparar los nutrientes de la pizza con los de una lata de refresco o una bolsa de patatas fritas.

Comida auténtica frente a comida basura

Si el hecho de consumir comida basura ya es de por sí bastante malo, otro de los perjuicios que comporta es que suele sustituir a la auténtica comida, la que aporta los nutrientes necesarios y saludables. Así, por ejemplo, cuando la gente toma grandes cantidades de refrescos no suele incluir en su dieta productos lácteos semidesnatados, además de otras bebidas sanas como té verde o el zumo de naranja. Si se toman patatas chips y galletas, por lo general no se ingieren frutas ni verduras.

Quitar la «basura» de la comida basura

Hay que optar por alimentos y bebidas, sin importar dónde se esté, que contengan el mayor número posible de ingredientes completos o que ofrezcan nutrientes, además de calorías. Es preferible disfrutar de un zumo de naranja natural recién exprimido y de un panecillo de pan integral que de un refresco y un donut. Es mejor comprarse un burrito con alubias, una pizza de verduras o un sándwich de pollo asado que nachos con salsa de queso, pollo rebozado con patatas fritas o rollitos congelados de pizza. O elegir, por ejemplo, unas galletas integrales cien por cien, elaboradas con aceite de oliva, o prepararse un plato de queso y fruta, en vez de un cuenco de bolitas de queso.

Hagamos lo que hagamos, la típica comida rápida hace que comamos más

Comer grandes cantidades de comida en un tiempo récord es «atiborrarse», no es una manera saludable de comer, en parte porque de ese modo tomamos un número excesivo de calorías. Lo deseable es comer despacio y de una manera consciente, de modo que se disfrute de la comida y el cerebro perciba el proceso de alimentarse, amén de de decirle al estómago que se está cómodo y satisfecho. Tomar grandes cantidades de comida rápida no aporta nada bueno, pero eso es exactamente lo que la gente suele hacer cuando toma «comida rápida».

Pero ¿es la comida rápida en sí lo que causa que comamos más de lo necesario o es la cantidad que se nos presenta o el hecho de comer rápido lo que nos anima a atiborrarnos? El Hospital infantil de Boston realizó un estudio con adolescentes de 13 a 17 años en el que les ofreció tres tipos de comida rápida (todas con *nuggets* de pollo, patatas fritas y refresco de cola). En una comida se les sirvió mucha cantidad de una sola vez. En otra, se les ofreció el mismo tipo de comida, mucha también, pero en porciones más pequeñas. Y en la tercera, se les sirvió igualmente mucha comida rápida, en porciones más pequeñas, pero en intervalos de 15 minutos. Los investigadores analizaron cuántas calorías consumieron los adolescentes en cada una de las tres situaciones.

Descubrieron que no importaba la cantidad de comida rápida que se les sirviera: los adolescentes seguían comiendo en cada caso más o menos la mitad de las calorías diarias que se necesitan en una sola comida. El equipo de investigadores manifestó que ciertos factores intrínsecos en la comida rápida son los que fomentan la excesiva ingesta de calorías.

La comida rápida es:

- Pobre en fibra.
- Muy apetecible.
- Rica en densidad calórica (gran cantidad de calorías en poco volumen).
- Rica en grasas.
- Rica en azúcar líquido.

Mi sugerencia es elegir platos de comida rápida ricos en fibra (¡existen!), con poca densidad calórica y bajo contenido en grasa, y evitar por completo el azúcar líquido cuando se toma este tipo de comida. Hay que buscar restaurantes de comida rápida que ofrezcan este tipo de alimentos.

¿Comemos más comida basura a causa de los anuncios publicitarios?

Para empezar, estamos de acuerdo en que la mayoría de los anuncios de alimentos dirigidos al público infantil son comida basura: alimentos ricos en grasas, azúcares o sal y pobres en nutrientes. Y si te has llegado a preguntar alguna vez si ver anuncios de este tipo de comida anima a los niños a comer más, las investigaciones llevadas a cabo indican que eso es ciertamente lo que ocurre.

En el Reino Unido, un grupo de investigadores de la Universidad de Liverpool puso a 60 niños con edades comprendidas entre los 9 y los 11 años y de diversos pesos frente a anuncios de comida y de juguetes, y después les regalaron un juguete y una comida.

Los niños comían más tras los anuncios de comida que después de los anuncios de juguetes. Curiosamente, los niños obesos comieron más (un 134%) que los niños con sobrepeso (un 101%) y que los niños con un peso normal (84%).

No me sorprenden estos resultados. Ése es el objetivo de la publicidad, animar a consumir el producto. Si no funcionara, ¿por qué los fabricantes de comidas y bebidas iban a seguir gastando miles de millones en publicidad? Según parece, los niños obesos y con sobrepeso son en especial vulnerables a ello, y eso es ante todo alarmante y algo en lo que deberían trabajar las instituciones gubernamentales.

Podemos alejar de nuestras vidas los anuncios de comida basura tan sólo viendo menos televisión. Hay ciertos programas que atraen más anuncios de comida basura que otros, de modo que los padres deberían tomar nota y evitar que sus hijos, en la medida de lo posible, vean esos programas, con alternativas como vídeos o suprimir el tiempo de los anuncios.

Para eliminar la basura de la comida basura hay que elegir alimentos y productos que sean completos y que contengan la menor cantidad posible de ingredientes como azúcar, sirope de maíz rico en fructosa, cereales molidos y aceites parcialmente hidrogenados.

Capítulo 3

Todo lo que siempre quisiste saber sobre la diabetes

Dieta y diabetes tipo 2

Tú tienes preguntas acerca de la dieta y de la diabetes, y yo, por fortuna, tengo las respuestas. Este capítulo no pretende sustituir ninguna consulta con un dietista o con un consultor especializado en diabetes, ni el hecho de trabajar con ellos a fin de encontrar una dieta y un estilo de vida que normalice los niveles de azúcar en sangre. Está pensado como un complemento, una ayuda para trabajar con ellos. Si, una vez leído este capítulo, aún tienes preguntas sobre alimentos, dietas y diabetes, anótalas cuando se te ocurran y muestra la lista a tu dietista la próxima vez que tengas visita en su consulta.

¿Existe una relación de alimentos que no puedo comer?

No, no hay una lista de alimentos prohibidos. Todos, en cantidades pequeñas, pueden funcionar dentro de un plan alimentario determinado. Si los dietistas te dicen que no tomes una cosa nunca más, lo único que pasará es que te enfadarás y que tendrás muchas más ganas de comerla. Eres tú el que tiene que decidir lo que come y quien debe aprender a asociar ciertos alimentos en determinadas cantidades y combinaciones.

¿Existen algunos alimentos que puedan ayudar a personas con diabetes tipo 2?

Los estudios realizados avalan la importancia de incluir en la dieta de los diabéticos cereales integrales, frutas, verduras y lácteos desnatados o semidesnatados. Se hace hincapié en buscar siempre que sea posible un equilibrio entre los hidratos de carbono, las grasas monoinsaturadas y las grasas omega 3 (lo que a mí me gusta llamar «grasas inteligentes»).

Ahora veremos algunas indicaciones que pueden servir de ayuda:

- **Fibra:** el consumo habitual de una dieta pobre en fibra se asocia a un mayor riesgo de contraer diabetes tipo 2, y también cáncer, obesidad y cardiopatías.
- **Ácidos grasos omega-3:** son especialmente aconsejables para las personas con diabetes tipo 2 que tienen un riesgo mayor de sufrir una cardiopatía.
- **Soja:** la soja puede ayudar a los diabéticos a controlar los niveles de azúcar en sangre. Se ha demostrado que hace que las células sean más receptivas a la insulina.
- **Trigo sarraceno o alforfón:** nuevas investigaciones han demostrado que el extracto de alforfón en ex-

perimentos con ratones hacía descender el nivel de azúcar en sangre en ayunas en un promedio de un 12 a un 19 %.

- **Proteínas en dosis moderadas:** ingerir muchas proteínas hace trabajar más a los riñones, lo que a largo plazo hace que funcionen mal, y las personas con diabetes tienen un mayor riesgo de sufrir enfermedades renales.

- **Canela:** en un estudio realizado con 60 personas se comprobó que media cucharadita diaria de canela reduce el azúcar en sangre de las personas con diabetes tipo 2 (*Diabetes Care* 26 [2003]: 3215-3218).

- **Semillas de lino molido:** ciertos estudios indican que son beneficiosas para los diabéticos (para más información sobre el lino, véase el capítulo 4).

- **Una copa de vino:** según un nuevo estudio israelí, una copa de vino con la comida puede ayudar a reducir los niveles de azúcar en sangre en algunas personas diabéticas. Los participantes en el estudio con los niveles más altos de hemoglobina A1c fueron quienes experimentaron una mayor reducción en el nivel de azúcar en sangre en ayunas. El vino, además de sus posibles efectos beneficiosos, aporta unas 100 calorías a la tabla de alimentos, por lo que en una comida éstas deben cambiarse por otros alimentos ricos en hidratos de carbono, y puesto que 100 calorías equivalen a 25 gramos de hidratos de carbono, dosis más altas de alcohol pueden suponer un peligro. Antes de consumir alcohol hay que consultar con el médico o con el dietista (Sahi, I. *et al.* «Efectos glucémicos de la ingesta moderada de alcohol en pacientes con diabetes tipo 2», *Diabetes Care*, 30 [diciembre 2007]: 3011-3016).

- **Chumbera (nopal):** también conocido popularmente como higos chumbos, pertenece a la familia de los cactus y contribuye a disminuir el nivel de glucosa en sangre. También ayuda a reducir la absorción de los hidratos de carbono gracias a su alto contenido en fibra y pectina (fibra soluble). Son necesarios más estudios que lo avalen, pero se considera que la cantidad que se debe ingerir para sacar provecho de ella es de al menos de unos 100 gramos de tallos cocidos.

Soy una persona golosa. ¿Aun así puedo tomar alguno de mis postres favoritos?

A nadie le gusta que le digan que hay algo que no puede tomar –especialmente el azúcar, que si nos lo prohíben aún nos apetece más–. No hay razón alguna por la que los diabéticos no puedan tomar azúcar siempre que tengan presente algunas cosas. En algunas personas, el pan y otros almidones producen casi el mismo efecto sobre el nivel de azúcar en sangre que el azúcar refinado. Pero si en la comida se toman más hidratos de carbono de los indicados en la dieta elaborada por el dietista, el nivel de azúcar en sangre casi con seguridad se incrementará.

En cuanto a los alimentos azucarados, la norma es ser moderados, según aconseja la Asociación Norteamericana de la Diabetes. Si se controla bien el azúcar en sangre, se puede tomar un poco de azúcar, pero hay que seguir unas cuantas reglas:

- **Tener muy en cuenta las raciones de alimentos azucarados que se tomen.** Las raciones serán moderadas, como, por ejemplo, medio helado o tres galletas.
- **Intentar disfrutar del postre o del capricho dulce que uno tome como parte de la comida.** Tendrás menos tentación de comer más dulces de la cuenta si lo haces como postre, y éste te aportará menos azúcar en sangre si lo combinas con otros alimentos.
- **Sustituir el alimento azucarado** por otro que contenga hidratos de carbono en la dieta personal para combatir la diabetes. Así no sólo aumentarás los hidratos de carbono que tomes, sino también las calorías.
- **Controlar de manera rutinaria el nivel de glucosa en sangre**, ya que así se comprobará el efecto negativo de los alimentos azucarados que se ingieran.
- **Dar una pequeña caminata** a paso ligero después de las comidas, puesto que contribuirá a quemar algunas calorías, lo que también es una buena ayuda.

La lección es ésta: come dulces, pero hazlo con moderación y con las comidas. Y un último consejo: que la comida sea satisfactoria, así te sentirás bien con una pequeña ración de postre.

¿Cómo puedo hacer todo esto sin tener que contar ni medir las raciones que tomo?

A mí tampoco me gusta tener que ir contando y midiendo. Es algo que de manera automática hace que me sienta «diferente» (y no demasiado bien), y, francamente, creo que le quita diversión al hecho de comer. Yo aconsejaría contar de vez en cuando los gramos de hidratos de carbono, grasas y fibra, como una especie de «revisión» de cómo se está comiendo. Comparar esas cantidades con el nivel de azúcar en sangre puede ser una buena herramienta para trabajar con el dietista o el médico. Pero si no se desea de ningún modo hacer eso, la única respuesta está en controlar, controlar y controlar (el azúcar en sangre, quiero decir). Comprueba tu azúcar en sangre de tres a seis veces al día, estudia la dieta normal que llevas y el azúcar en sangre resultante, y enseguida verás qué alimentos o qué comidas son más adecuadas para ti.

Es posible que tan sólo se trate de comer menos de aquellos alimentos que hacen que suba el nivel de azúcar, de combinarlos con otros alimentos o bien de cambiar la medicación o de hacer ejercicio cuando tomas uno de esos alimentos.

¿Debo hacerme vegetariano?

Una dieta vegetariana puede ser rica en hidratos de carbono y, por tanto, más difícil de mantener con ella el nivel normal de azúcar en sangre. Si eliges el vegetarianismo por otras razones, debes tener cuidado con las comidas a fin de mantener controlados los hidratos de carbono. Es mejor depender más de alimentos más ricos en grasas y proteínas, como los frutos secos, la soja y el tofu y los vegetales ricos en fibras solubles que ayuden a controlar la acción de los hidratos de carbono sobre la glucosa en sangre. Quizás lo que atraiga más a la mayoría de la gente es no seguir necesariamente una dieta vegetariana, pero sí comer más vegetales.

He oído decir que hay un tipo de fibra que es beneficiosa para la diabetes tipo 2. ¿Cuál es?

Según parece, la fibra soluble (que se disuelve en agua) es un componente vital en muchos casos para controlar el azúcar en sangre. La encontramos en las legumbres, en los cereales y en algunas frutas y verduras. La fibra soluble tarda en salir del estómago, lo que significa que algunos se sienten saciados durante más tiempo. Yo lo noto cuando tomo alubias para comer, como, por ejemplo, un burrito. La fibra soluble, que forma un gel en el tracto intestinal, ralentiza la absorción de los hidratos de carbono y reduce la subida de la glucosa en sangre y de la insulina después de la comida. Tiene, además, efectos en la prevención de enfermedades. En el capítulo 4 se muestra más información sobre este tema.

¿Son buenas para los diabéticos las famosas dietas hiperproteínicas y de bajo contenido en hidratos de carbono?

Estas dietas, que no son buenas para nadie, pueden resultar peligrosas para las personas con diabetes tipo 2. Los diabéticos tienen ya un alto riesgo de sufrir enfermedades renales (la diabetes aumenta el índice de vejez de los riñones), y el exceso de alimentos ricos en proteínas y la hipertensión pueden llegar a estresar más aún a estos órganos. Las personas con diabetes no necesitan más proteínas que las que no la tienen. La mayoría de las dietas hiperproteínicas no son otra cosa que dietas de moda sin base científica ni médica. Pensemos lo siguiente: las frutas, las verduras y los cereales integrales son algunos de los alimentos más nutritivos que hay, y aportan vitaminas, minerales, sustancias fitoquímicas y fibra. ¿De qué están principalmente constituidos estos alimentos? De hidratos de carbono. Y lo que es bien cierto es que la insulina se libera en sangre de manera normal cuando se toman hidratos de carbono (en personas sin diabetes), y se almacena en forma de grasa sólo cuando la cantidad de calorías ingeridas es mayor de lo que el organismo necesita. De modo que los hidratos de carbono no se transforman automáticamente en grasas a menos que se tome demasiada cantidad.

Es cierto que la gente dice que pierde peso con esas dietas. Pero lo que en realidad cuenta es si pueden mantener el peso (algo que la mayoría de las personas no logran). Hay quien pierde peso con esas dietas no porque sean pobres en hidratos de carbono, sino porque suelen ser bajas en calorías. Y quienes pierden peso con rapidez no pierden grasa, sino sobre todo líquidos. Si se sigue la dieta, se perderán algunos kilos de grasa pero, al mismo tiempo, también se perderá masa muscular.

Cuando se toman muy pocos hidratos de carbono, el cuerpo empieza de manera automática a sacrificar su tejido proteínico (de los órganos principales y de los músculos) para obtener energía. Y cuando se vuelven a recuperar los kilos, lo que se recupera es la grasa, no el tejido muscular. Con el tiempo, perder y ganar peso varias veces significa ir ganando más y más grasa e ir perdiendo más y más tejido muscular. El hígado y los riñones tienen que trabajar más para transformar la proteína en la energía que obtendrían de los hidratos de carbono.

¿Engordan los alimentos a base de féculas, como la pasta, las patatas y el pan?

Todos estos alimentos son ricos en hidratos de carbono, y éstos sólo engordan cuando comemos más calorías de las que nuestro organismo necesita. Pero eso también sucede cuando se ingieren alimentos ricos en proteínas y grasas (*especialmente grasas*). Si acompañamos los hidratos de carbono con fruta y verdura es más que probable que podamos limitar de manera razonable las raciones de todas esas deliciosas féculas. Así, por ejemplo, cuando prepares pasta, añádele un poco de brócoli o unas zanahorias. Si te haces un bocadillo, ponle manzana, tomate o acompáñalo con un cuenco de ensalada. Si comes pan, tienes la oportunidad de aumentar la ingesta total de fibra diaria si optas por un pan integral o con fibra soluble.

Estoy un tanto confundido: ¿es buena o mala la grasa en los alimentos? Sé que es mala para algunas enfermedades, pero también sé que ayuda a controlar los niveles de azúcar en sangre.

En los últimos 15 años, sobra decir que las cosas se han complicado bastante más. Ahora se teme a la grasa: su mera presencia causa en las personas grandes sentimientos de culpa. Pero los últimos estudios realizados están demostrando que algunas grasas tienen, de hecho, un efecto protector en nuestro organismo, en lo que se refiere a las enfermedades coronarias y cancerosas. También muestran que puede que no haya una cantidad «correcta» de grasa para todo el mundo, ya que hay personas a las que les va mejor con más o menos grasa que a otras. Seguramente, los investigadores tendrán que lidiar con esas incertidumbres durante los próximos años, pero, mientras tanto, cada uno debe controlar de la mejor manera posible el azúcar en sangre de su organismo, su peso y el riesgo de padecer coronariopatías.

No te culpo por el hecho de que puedas estar confuso, ya que la mayoría de los profesionales de la salud también están intentando aclararse respecto a ello. Según parece, una dieta moderada en grasas (de un 30 a un 35 % de calorías procedentes de grasas) contribuye a controlar el nivel de azúcar en sangre de los diabéticos tipo 2, en comparación con una dieta muy pobre en grasas (de un 10 a un 20 % de calorías de grasas). La grasa ayuda a ralentizar la digestión y «aporta ritmo» a la llegada de la glucosa (procedente de los hidratos de carbono ingeridos) al flujo sanguíneo. Por una serie de razones, la grasa contribuye también a que nos sintamos más satisfechos después de una comida o un aperitivo o tentempié.

Lo difícil del caso es saber qué cantidad de grasa es beneficiosa para la diabetes sin incrementar el riesgo de padecer otras enfermedades crónicas ni tampoco aumentar el peso. Yo intentaría fijar alrededor de un 30 % de calorías procedentes de grasas y observar qué efecto produce en el azúcar en sangre, el peso y el nivel lípido de la sangre. De este modo, se podría obtener de un 15 a un 20 % de calorías de las proteínas, y entre un 45 y 55 % de calorías procedentes de los hidratos de carbono (preferiblemente de cereales integrales, legumbres, fruta y verdura).

Pero esta dieta moderada en grasas *tiene* que ir acompañada de manera obligatoria de grasas que protegen el corazón: los ácidos grasos omega 3 y omega 9 y las grasas monoinsaturadas para acabar de redondear ese 35 %. Esto significa utilizar aceite de oliva para cocinar o aceite de girasol (no hidrogenado), añadir a la dieta semillas de lino, comer un par de veces por semana un poco de pescado, y, de vez en cuando, disfrutar de un puñadito de frutos secos.

Si eres una persona a la que le gusta comer fuera de casa, estas nuevas reglas pueden dificultar tus hábitos. La mayoría de los restaurantes de comida rápida, y también los convencionales, no utilizan ese tipo de aceites (a excepción, quizás, de la cocina mediterránea). En el capítulo 8 se proporciona más información.

¿Mejora el nivel de lípidos en sangre si, teniendo diabetes tipo 2, se pasa a tomar grasas monoinsaturadas y ácidos grasos omega 3?

¡Sí! Hay personas que consiguen controlar el azúcar en sangre con dietas bajas en grasas y en hidratos de carbono, pero, por desgracia, ven cómo se incrementa el nivel del colesterol LDL, el llamado «malo», y el de los triglicéridos; no obstante, si añaden ácidos omega 3 y grasas monoinsaturadas a un 30 % de calorías procedentes de grasas (o un poco más), muchas de ellas mejoran los lípidos en sangre sin aumentar el índice de HgA1c (un análisis de sangre que, sobre todo, mide el promedio de azúcar en sangre durante un período de tres meses).

A medida que voy incorporando legumbres a la dieta que sigo, lo cual ayuda a regular el azúcar en sangre, tengo más y más gases. ¿Qué puedo hacer?

La fibra y algunos de los hidratos de carbono compuestos más difíciles de digerir presentes en las legumbres acaban en el intestino grueso. Las bacterias intestinales encargadas de descomponer esas sustancias suelen desprender un gas que produce distensión abdominal. Es mejor empezar con raciones pequeñas de legumbres y tomarlas en comidas equilibradas que contengan proteínas, grasas e hidratos de carbono. Existen ciertos medicamentos disponibles sin receta médica que alivian estas molestias digestivas, con productos que se pueden obtener en las siguientes páginas web: www.beanogas.com y www.bean-zyme.com.

¿Qué es el colesterol bueno y el colesterol malo?

El nivel alto de colesterol LDL en sangre aumenta el riesgo de que se formen depósitos grasos en las arterias, con lo que se incrementan las posibilidades de sufrir un infarto. Por ello, este colesterol, el LDL, ha merecido el calificativo de «malo». Por otra parte, un nivel alto del colesterol HDL parece tener un efecto protector frente a las coronariopatías, por lo que se le conoce como colesterol «bueno». Un reciente estudio reveló que incluso en los participantes con un nivel óptimo de colesterol LDL (por debajo de 70 mg/dl), los que tenían un nivel más alto de colesterol HDL tenían un menor riesgo de padecer problemas cardiovasculares en comparación con quienes tenían un nivel más bajo (*New England Journal of Medicine*, 27 de sept. de 2007).

¿Y qué ocurre con el total del colesterol en sangre? Mucha gente cree que reducir el colesterol de los alimentos es el paso más importante para hacer bajar el colesterol en sangre. En realidad, tomar menos grasas saturadas es lo que tiene un mayor efecto a la hora de disminuir el nivel del colesterol total en sangre. Algunos estudios han podido descubrir que comer alimentos con colesterol aumenta el riesgo de sufrir una cardiopatía, aunque no aumente el nivel de colesterol en sangre.

¿Qué puedo hacer para reducir el nivel de lípidos en sangre?

La respuesta a esta pregunta podría significar un libro entero, o al menos un capítulo. Pero comentemos lo esencial.

Consejos para reducir el nivel de colesterol en sangre

En general, se sugiere reducir la ingesta de grasas (especialmente las grasas saturadas y las trans) y el colesterol de la dieta, a la vez que se deben tomar más fruta, verdura y alimentos ricos en fibra soluble (como cereales y legumbres). He aquí unas indicaciones específicas:

- Comer cereales integrales siempre que sea posible y limitar los azúcares simples.
- La dieta Portfolio, que incluye proteína de soja, almendras, margarinas enriquecidas con esteroles integrales y alimentos ricos en fibras solubles (avena, cebada, llantén, y vegetales como la berenjena y el quingombó), ha demostrado ser útil para reducir el nivel de colesterol. Este plan fue elaborado por la Universidad

de Toronto y en él se ha investigado la combinación de cuatro alimentos que contribuyen a descender el nivel de colesterol. Puede encontrarse más información en la página web www.portfolioeatingplan.com.

- El té verde, con su gran contenido en antioxidantes, puede disminuir el nivel total de colesterol al aumentar la excreción de colesterol y ácidos biliares (a través de las heces).

Consejos para reducir el colesterol LDL

- Según el plan Portfolio, las dietas con las que se consumen frutos secos y las que son bajas en grasas saturadas o ricas en fibras viscosas (fibras que suelen ser oleaginosas en el tracto intestinal), proteína de soja o esteroles.
- Se pueden reducir muchas de las grasas saturadas y de las grasas trans de la dieta, limitando la ingesta de productos lácteos completos, carnes ricas en grasas, piel de pollo, margarinas y mantequillas, bollería industrial y patatas fritas de comida rápida.
- Seguir una dieta vegetariana que contenga alimentos que reduzcan el colesterol (como la leche de soja, las hamburguesas de soja, los frutos secos, las legumbres, frutas y verduras) puede hacer disminuir el nivel de colesterol tanto como algunos medicamentos (un estudio demostró que esta dieta hacía descender un 29 % el nivel del colesterol LDL en un mes, una reducción similar a la que se experimenta con algunos fármacos con estatinas).

- Hay estudios que indican que las semillas de lino trituradas (unas cuatro cucharadas al día) pueden disminuir el nivel de colesterol de un 9 a un 18%, y el
nivel total de colesterol en sangre hasta un 9%. Es
necesario que se realicen más estudios clínicos acerca de las semillas de lino para confirmar esos efectos
positivos, pero una dieta con una ingesta regular de
estas semillas aporta otros muchos efectos beneficiosos en la salud. Para más consejos, trucos y recetas,
véase mi libro *The Flax Cookbook*.

Consejos para reducir los triglicéridos

- Limitar la ingesta de grasas trans y saturadas y susti-
tuirlas por grasas monoinsaturadas, como las del aceite de oliva, de girasol y la mayoría de los frutos secos.
- Reducir los hidratos de carbono refinados, como los
que contienen los dulces, los refrescos y el plan blanco.
- Limitar las bebidas alcohólicas a una al día en las
mujeres y dos en los hombres. Los diabéticos, antes
de tomar alcohol, deben consultar con su médico.
- Las semillas de lino contribuyen a reducir el nivel de
triglicéridos en sangre.
- Mantener un peso saludable y hacer ejercicio de manera regular.
- Los diabéticos pueden reducir el nivel alto de triglicéridos y de colesterol LDL incluyendo en su dieta
más grasas monoinsaturadas (aceite de oliva, aceite de
girasol y aguacates), y un poco menos de hidratos
de carbono.

- Las personas con diabetes pueden mejorar tomando pescado dos veces por semana. A quien no le guste el pescado puede optar por tomar cápsulas de aceite de pescado (de uno a tres gramos al día), siempre consultando antes con su médico.

Consejos para disminuir la proteína C reactiva

Un nivel alto de proteína C reactiva se manifiesta en la inflamación de los vasos sanguíneos, y puede dar como resultado la ruptura de alguno de ellos.

- Comer salmón, atún, sardinas, frutos secos y semillas de lino por su contenido en ácidos grasos omega 3.
- La proteína C reactiva disminuyó en dos estudios de la dieta Portfolio en la que las personas que la siguieron tomaban cuatro alimentos claves: proteína de soja, margarina enriquecida con esteroles, almendras y alimentos ricos en fibra soluble.
- Mantener un peso saludable y hacer ejercicio de manera regular.

¿Cómo y por qué hay ciertos alimentos que incrementan más que otros el nivel azúcar en sangre? He comprobado que la pizza, por ejemplo, incrementa más el azúcar en sangre que los dulces

Los alimentos que tomamos contienen cantidades y combinaciones diferentes de hidratos de carbono, proteínas y/o grasas. Los aceites vegetales contienen todos grasas, y el azúcar granulado, hidratos de carbono. Todos los hidratos de carbono digeribles que tomamos se convierten en glucosa, mientras que aproximadamente la mitad de las proteínas y el 10 % de las grasas se transforman en glucosa tras la digestión.

Tras una comida, los hidratos de carbono, las proteínas y las grasas marcan el pico de glucosa en sangre en momentos diferentes:

- **Los azúcares simples:** la subida, el pico máximo, se produce entre unos quince y treinta minutos después de la comida.
- **Los hidratos de carbono compuestos:** alcanzan el pico de una hora a hora y media después de la comida.
- **Las proteínas:** el pico se da de tres a cuatro horas después de la comida.
- **Grasas:** el pico llega a las cuatro horas después de la comida.

El modo en que un alimento determinado afecta a la glucosa en sangre tiene que ver, en parte, con la combinación de hidratos de carbono, proteínas y grasas del alimento y la cantidad que se coma de él. La rapidez con que ese alimento se absorba (y lo rápido que afecte al nivel de glucosa en sangre) depende, asimismo, de factores como la estructura física del alimento, de cómo se ha cocinado y del nivel de glucosa en sangre antes de la comida. Un truco que todos los diabéticos se guardan bajo la manga es la fibra alimentaria. Esta fibra, que el organismo no digiere, hace que otros hidratos de carbono de la comida se digieran y absorban más lentamente, lo cual permite que el azúcar en sangre descienda.

Sin embargo, las personas responden de manera diferente a los hidratos de carbono. Los mismos alimentos tomados por diferentes personas pueden tener efectos diferentes en el nivel de glucosa en sangre. En algunas personas, la insulina es menos efectiva después de tomar alimentos ricos en grasas animales. Esto también puede hacer que ascienda el nivel de azúcar en sangre. La única manera de saber cómo responde el azúcar en sangre frente a una comida determinada es controlándolo antes de comer y dos horas después.

¿Cuáles son las comidas y los alimentos que incrementan el azúcar en sangre en algunas personas?

Algunos profesionales de la salud llaman a esto el «efecto pizza», así que puedes imaginar qué alimento está a la cabeza de la lista: la pizza. Otros alimentos que ocasionan muchos problemas son los siguientes:

- La comida china en general y el *chow mein* (fideos fritos) en particular.
- *Ramen* (versión japonesa de la sopa de fideos).
- *Bagels* (bollos). Incluso uno solo puede causar problemas. Empieza con medio *bagel* y cómelo con crema de cacahuete o queso fresco.
- Alimentos fritos, como el pollo o las patatas fritas.
- Granola (alimento a base de nueces, copos de avena mezclados con miel y otros ingredientes naturales). Hay que empezar con un cuarto de taza.

- Pasta. Probar un cuenco de sémola de trigo duro y empezar la comida con una sopa o una ensalada.
- Los alimentos ricos en proteínas animales y grasas, incluidos los que contienen mucho queso, como, por ejemplo, una tortilla con mucho queso junto a salchichas o beicon, o un gran bistec con patatas fritas.
- Cereales del desayuno.
- Patatas cocidas.
- Sandía o melón.

¿Hay alimentos que pueden evitar la subida de azúcar en sangre si se combinan con otros que generalmente provocan la subida?

Añadir a la dieta vegetales que aportan algunas grasas o proteínas (frutos secos, soja, aceite de oliva y de girasol, semillas de lino, aguacates) contribuye a minimizar la subida de azúcar en sangre que producen los alimentos ricos en hidratos de carbono. Pero si uno toma una comida rica en grasas animales que suelen incrementar el azúcar en sangre (pizza, cereales ricos en grasas, etc.) puede ser muy eficaz tomar bastante fibra soluble unos diez minutos antes empezar a comer. Los alimentos vegetales ricos en fibras solubles también contribuyen a minimizar el nivel alto de azúcar en sangre de las comidas ricas en hidratos de carbono. A manera de entrante o de aperitivo puede tomarse lo siguiente:

- Una ensalada verde con alubias y hortalizas.
- Un cuenco de sopa o un plato de verdura.

- Una ración pequeña de salvado de avena (antes de un desayuno problemático).
- Otros vegetales ricos en fibra soluble (*véase* capítulo 4).
- Otros cereales ricos en fibra soluble (*véase* capítulo 4).
- Semillas de llantén y complementos (llantén en polvo sin estimulantes intestinales; el llantén también se añade a algunos cereales de desayuno).

¿Por qué me parece que tengo un mayor nivel de azúcar en sangre después de una comida rica en grasas que después de una rica en hidratos de carbono?

Hay personas que parecen tener más azúcar en sangre después de tomar alimentos especialmente ricos en grasas animales, como huevos y beicon, o pizza con salchichas o salchichón. Algunos investigadores creen que en algunas personas (sobre todo las de etnias como la asiática, la afroamericana o la de los habitantes de las islas del pacífico) la insulina es menos eficaz después de comidas ricas en grasas animales. Si adviertes que te ocurre eso, intenta tomar raciones más pequeñas de alimentos grasos y añade vegetales a las comidas (fruta, verdura y cereales, en especial los ricos en fibra soluble), y comprueba si se ha producido alguna diferencia. En vez de tomar beicon, huevos y patatas y cebolla, intenta tomar una salchicha pequeña, un huevo y una *crêpe* o un cuenco de avena. Cambia tus cuatro raciones de pizza de carne por un par de raciones de pizza de verduras, además de una ensalada verde con alubias y una vinagreta de aceite de oliva, o un buen tazón de sopa de verduras o de legumbres.

¿Qué porcentaje de hidratos de carbono, grasas y proteínas es el que contribuye, según parece, a que la mayoría de los diabéticos de tipo 2 puedan controlar el azúcar en sangre?

Según los CDE (consultores especializados en diabetes) con los que he hablado, alrededor de un tercio de las personas con diabetes tipo 2 suele mejorar con una dieta con un porcentaje de un 35 a un 40 % de calorías procedentes de grasas (utilizando principalmente grasas monoinsaturadas), mientras que dos terceras partes suelen mejorar con un porcentaje de un 25 a un 30 % de calorías a base de grasas. Pero existen, además de los porcentajes de grasas o de hidratos de carbono, muchos otros factores alimentarios que pueden influir en el control de azúcar en sangre, como el total de fibra y fibra soluble y que las proteínas y las grasas provengan en su mayoría de fuentes vegetales.

¿Qué importancia tiene tomar un buen desayuno si el azúcar en sangre suele ser elevado por la mañana?

Muchas personas con diabetes tipo 2 tienen problemas con el nivel de azúcar en sangre por la mañana, y no necesariamente por lo que hayan desayunado, sino porque su azúcar en sangre ya es alto nada más despertarse. Hay personas que suelen ser más resistentes a la insulina por la mañana y por lo general toleran menos los hidratos de carbono en el desayuno que en otras comidas del día. Para empezar, se debe preparar un buen desayuno, bien equilibrado, que contenga hidratos de carbono, proteínas y grasas. Esto se consigue añadiendo frutos secos a los cereales y panecillos. Hay quien agrega leche de soja o de almendras a los cereales de la mañana. Si se hacen *crêpes*, pueden rellenarse con un par de rebanadas de jamón de york o de pavo. Si se toma un panecillo, se puede incorporar un poco de queso o un poco de crema de queso fresco o de mantequilla de cacahuetes. Otra opción es preparar una tortilla con un sustituto de huevo (huevina) y rellenarla de verdura.

¿Y qué ocurre con el vino? ¿Puede una copa de vino a la hora de la cena reducir el nivel de azúcar en sangre?

Según parece, hay personas que ven cómo les disminuye un poco el nivel de azúcar en sangre cuando acompañan la cena con una copa de vino tinto, pero es algo que no experimenta todo el mundo. Hay otras personas que, por el contrario, ven cómo les sube el azúcar por la noche. Los vinos dulces suelen incrementar el azúcar en sangre, de modo que la gente por lo general ve mejores resultados con vinos tintos y vinos secos. Si te tomas una copa de vino tinto durante la cena, comprueba los niveles de azúcar en sangre antes de acostarte y, si lo deseas, puedes comprobar ese nivel, de vez en cuando, entre las 2 y las 3 de la madrugada. Consulta con el especialista si la copa de vino te ayuda a normalizar el azúcar en sangre o si, por el contrario, lo eleva.

Si deseo añadir edulcorantes a lo que tomo sin aportar a la dieta más hidratos de carbono ¿qué edulcorantes alternativos o artificiales puedo utilizar?

Los edulcorante artificiales son prácticos si uno intenta reducir las calorías del azúcar, si se tiene diabetes y se quiere mantener normal el nivel de azúcar en sangre, y si se quiere tomar sifón dietético porque el azucarado es demasiado dulce.

¿Ayudan a perder peso? Según un estudio realizado por unos investigadores holandeses, los edulcorantes artificiales juegan un papel primordial en las dietas para perder peso y en los planes para mantenerlo. Tras revisar muchos estudios recientes, observaron que el uso del aspartamo estaba asociado a una mejora en el mantenimiento de peso al cabo de un año. Cuando se sustituyen las bebidas endulzadas artificialmente por bebidas dulces convencionales (y sin reducción de calorías), las personas suelen acabar tomando menos calorías y pesando menos, según los resultados obtenidos en dos estudios de corto plazo (*American Journal of Clinical Nutrition*, febrero 1997).

Otro estudio a cargo del Harvard Medical School aportó los mismos resultados. Se decidió que las mujeres obesas asignadas para el estudio consumieran o eliminaran de su dieta el aspartamo o los alimentos dulces durante 16 semanas en una dieta para reducir peso. Las mujeres que consumieron edulcorantes artificiales perdieron bastante más peso total y volvieron a ganar menos peso durante el período de mantenimiento y seguimiento (*American Journal of Clinical Nutrition*, febrero 1997).

Aun así, yo no me obsesionaría con los edulcorantes consumiéndolos sin límites, puesto que considero que es preferible la moderación. Si bien no está científicamente probado, algunos especialistas sospechan, y yo estoy de acuerdo, que los alimentos y las bebidas endulzados artificialmente pueden mentalizar, por decirlo de algún modo, al cerebro de que se toma algo dulce (como nuestras papilas gustativas perciben el dulzor cuando masticamos y tragamos), mientras que el cuerpo no recibe las calorías del azúcar que espera, así, puede suceder que algunas personas devoren hidratos de carbono auténticos en respuesta al consumo no logrado de hidratos de carbono simples.

¿Qué edulcorantes artificiales pueden ser adecuados para mí?

Al existir hoy en día tantos edulcorantes artificiales, ¿cómo se sabe cuál comprar? Vamos a ver qué los diferencia, y sus pros y sus contras.

Sucralosa (Splenda)

La Splenda es un edulcorante artificial que contiene sucralosa además de maltodextrina, que le aporta volumen a fin de que en las recetas pueda sustituir al azúcar a razón de 1:1. La sucralosa es 600 veces más dulce que el azúcar, y se elabora sustituyendo tres grupos de hidrógeno-oxígeno de la molécula del azúcar de caña por tres átomos de cloro. He intentado usar Splenda en varias recetas y he visto que los resultados son generalmente buenos utilizando mitad de azúcar y mitad de Splenda.

Pros:

- La sucralosa no tiene calorías, el cuerpo no lo considera un hidrato de carbono y no afecta al nivel de azúcar en sangre.
- Pueden prepararse pasteles con Splenda, ya que el calor del horno no reduce el dulzor.
- Tanto para cocer como para hornear, la Splenda se muestra como el mejor endulzante.
- De todos los edulcorantes artificiales, la Splenda es la menos controvertida según los grupos de consumidores.
- Tras más de 110 estudios (tanto en animales como en seres humanos), la FDA (Agencia Norteamericana de medicamentos) ha afirmado que la sucralosa no tiene efectos tóxicos ni cancerígenos, no altera el ADN y no ocasiona daños neurológicos ni reproductores en los seres humanos.

Contras:

- Las sustancias que se añaden a la Splenda pueden llegar a aportarle unas 12 calorías por cada cucharada (aunque el envase no lo advierta).
- La Splenda puede cambiar la textura final de ciertas recetas y aportar un sabor «artificial» si se utiliza como único endulzante.
- Hay voces críticas que afirman que las investigaciones preliminares realizadas con animales vinculan el uso de la Splenda con daños orgánicos.

Sacarina

La sacarina, unas 300 veces más dulce que el azúcar, es una molécula orgánica elaborada a partir del petróleo. En 1977, la FDA propuso prohibirla tras comprobar que en grandes dosis producía cáncer de vejiga en ratas, pero la prohibición no llegó a producirse, y en el año 2000 dejaron de utilizarse las etiquetas en las que se advertía del peligro.

Pros:
* El calor no afecta a su poder edulcorante.

Contras:
* Desde 1981, los informes gubernamentales han tachado a la sacarina de «posible sustancia carcinógena». Aunque los estudios realizados en grandes consumidores de sacarina no han determinado vínculos directos con el cáncer, ciertos subgrupos, como el de los grandes fumadores, pueden tener un riesgo mayor.
* El Consejo de Asuntos Científicos de la Asociación Médica Norteamericana advierte a padres y cuidadores de que deben limitar el consumo de sacarina en los niños, ya que no se sabe a ciencia cierta el efecto que ésta puede tener sobre ellos.
* Debido a que la sacarina puede traspasar la placenta, las autoridades médicas advierten que las embarazadas deben ser cautas a la hora de consumir sacarina durante el período de gestación.

Aspartamo

Es difícil imaginar que uno de los edulcorantes artificiales más populares es en realidad una combinación de dos aminoácidos, el ácido aspártico y la fenilalanina, que a su vez se combinan con metanol. Es entre 180 y 200 veces más dulce que el azúcar.

El 70 % del aspartamo que ingerimos proviene de los refrescos. La FDA ha determinado como aceptable una ingesta diaria de 50 mg por cada kilo de peso corporal. Para la mayoría de nosotros eso se traduce aproximadamente a unas cuatro latas de refresco de unos 350 ml cada una, o a nueve vasos de zumo de fruta preparado con polvos disueltos de unos 236 ml cada uno.

Pros:

- Cada gramo de aspartamo tiene cuatro calorías, pero apenas aporta calorías a los alimentos y bebidas, ya que se necesita muy poca cantidad para endulzar.
- La FDA ha hecho 26 valoraciones del uso del aspartamo en las bebidas y alimentos desde que este edulcorante fue aprobado en el año 1981. En 1996, aprobó su uso general en alimentos y bebidas.
- En 1985, el Consejo de Asuntos Científicos de la Asociación Médica Norteamericana determinó que «las pruebas disponibles indican que el consumo de aspartamo en personas sanas es seguro y no está asociado a efectos graves para la salud».
- Según las directrices de la FDA, el consumo de aspartamo es seguro para las embarazadas.

Contras:

- Las personas con una dolencia congénita llamada feniceltonuria no pueden metabolizar el aminoácido fenilalanina, componente del aspartamo.
- El aspartamo se descompone en líquidos expuestos al calor, por lo que no es apto para cocinar.
- Hay personas que tienen reacciones alérgicas al aspartamo, desde problemas cutáneos a respiratorios, si bien es difícil confirmarlo en estudios.
- Otras personas han informado de efectos secundarios sobre el sistema nervioso central después de consumir aspartamo, efectos como cefaleas, mareos y cambios de humor. Tras revisar 600 de esos casos, el Centro de Control de Enfermedades determinó que no existía ninguna relación entre el consumo y los efectos aducidos. (El boletín de Nutrición Medioambiental informó posteriormente que el CDE dejaba abierta la posibilidad de que un pequeño grupo de personas fueran muy sensibles al aspartamo.)

Acesulfamo-K (E-950)

El acesulfamo-K (la K hace referencia al potasio) es 200 veces más dulce que el azúcar. La FDA lo ha aprobado como endulzante de mesa y para postres, dulces y bebidas alcohólicas.

Pros:

- Según las agencias gubernamentales, no aumenta el riesgo de padecer cáncer.
- No afecta al nivel de azúcar en sangre.

- Puede utilizarse para cocinar.
- Durante la digestión no se descompone, el organismo lo excreta sin que haya sufrido alteración alguna.
- Cuando se combina con otros edulcorantes artificiales, aumenta el dulzor total y disminuye el sabor amargo.
- Según la FDA es apto para las embarazadas.

Contras:
- Si se utiliza sin combinar puede tener un sabor amargo.
- Según el grupo de consumidores de Washington Center for Science in the Public Interest, las pruebas realizadas con el acelsufamo-K no reunieron las debidas garantías, por lo que no es posible afirmar que no sea potencialmente carcinógeno.

Polialcoholes (sorbitol, manitol, maltitol y xilitol)

Los polialcoholes o alcoholes de azúcar se encuentran en la naturaleza (en alimentos vegetales como las frutas y las bayas) y se utilizan comercialmente como edulcorantes. Se absorben poco a poco, y parte de ellos no se absorben en absoluto, por lo que consumirlos en grandes cantidades puede producir diarreas, gases y distensión abdominal. Un 50 % de los polialcoholes se transforman en glucosa, por lo que hay que tener en cuenta que siguen teniendo un efecto sobre el azúcar en sangre, aunque en menor grado que el azúcar.

Pros:

- La FDA ha calificado al sorbitol como una sustancia GRAS (reconocida generalmente como segura).

Contras:

- Hay personas que cuando consumen más de 49 gramos de sorbitol o más de 19 gramos de manitol experimentan un efecto laxante.

Balance acerca de los edulcorantes artificiales

Entonces, ¿por qué sustancia hay que optar si se desea añadir un edulcorante a la comida o la bebida? Eso es algo que verdaderamente depende de cada persona una vez se sopesan los pros y los contras, aunque muchos de los especialistas en diabetes con los que hablé me indicaron que ellos proponían a sus pacientes la Splenda como alternativa al azúcar.

Pero todo debe hacerse con moderación. No podemos poner todos los huevos en la misma canasta; dicho de otro modo: no hay que esperar que por el solo hecho de sustituir el azúcar por edulcorantes artificiales se vaya a perder peso y, además, a mantenerlo. Debe ser una pieza más dentro del plan de empezar a vivir de manera saludable, comiendo bien, evitando sobrealimentarse y haciendo todo el ejercicio físico que se pueda.

Capítulo 4

Los diez pasos alimentarios hacia la libertad

Cada persona tiene que elaborar, junto a su dietista o su especialista, un plan individualizado, pues lo que funciona para una puede no ser eficaz para otra. Pero existen diez cosas que todos los diabéticos de tipo 2 pueden hacer para mejorar su salud, reducir el riesgo de sufrir una coronariopatía y otros problemas de salud, y para normalizar el nivel de azúcar en sangre. Seguir estos diez pasos significa dar un paso de gigante para llegar a sentirse mejor, tener un nivel de azúcar en sangre normal y vivir una vida más saludable y más larga.

Paso n.° 1: introducir fibra en todas las comidas

La fibra es la parte de los vegetales que los humanos no pueden digerir, y puesto que no la podemos digerir en su trayecto de la boca al estómago, pasa por los intestinos sin ser absorbida y es expulsada finalmente por el organismo. Pero aunque la fibra no se absorba, lo cierto es que nos proporciona grandes beneficios.

Existen dos tipos de fibra. Hay una fibra insoluble, que no se disuelve en agua y que contribuye a la formación del llamado «bolo fecal» del tracto intestinal. Actúa a modo de un estropajo que va empujando la masa fecal y limpiando las paredes intestinales a medida que va pasando por ellas. Se considera que este tipo de fibra ayuda a tratar y a prevenir la diverticulosis (un trastorno en el que se producen pequeñas bolsas en las paredes del colon, que pueden llegar a infectarse), y se cree que reduce el riesgo de estreñimiento y de cáncer de colon. Es posible que este tipo de fibra se adhiera en el interior de los intestinos a sustancias potencialmente carcinógenas y las arrastre y expulse después.

El otro tipo de fibra es sobre todo importante cuando se tiene diabetes de tipo 2: la fibra soluble. Esta fibra es por completo diferente a la otra, ya que se disuelve en el agua y se transforma en una especie de gel. La fibra soluble parece disminuir el colesterol total en sangre y el colesterol LDL (a mayor nivel de colesterol, más contribuye a disminuirlo). Además, esta fibra ayuda a regular el azúcar en sangre, de modo que las dietas ricas en ella aportan los siguientes beneficios:

- Disminuye el azúcar en sangre posprandial (puede incluso mejorar el control de glucosa en las comidas que siguen inmediatamente después).
- Reduce la glucosa en la orina.
- Limita la necesidad de insulina y aumenta la sensibilidad de los tejidos a la misma.
- Reduce el nivel de los lípidos en sangre que contribuyen a la ateroesclerosis.

La fibra soluble, en particular, es la que ayuda a disminuir el potencial incremento de los triglicéridos en sangre y otras grasas que muestran las personas diabéticas que siguen una dieta rica en hidratos de carbono.

Según un estudio, una dieta rica en fibra reduce la necesidad de insulina en el 75 % de los pacientes con diabetes tipo 2. Algunas personas del estudio pudieron dejar de depender por completo de la insulina. Pero hay trampa: la fibra soluble ayuda a disminuir el nivel de glucosa *después* de las comidas, y en menor medida, la lectura de glucosa de primera hora. Aun así, es de gran ayuda, ya que nos pasamos la mayor parte del día en un período «posprandial», ¿no es cierto? ¿De qué cantidad de fibra estamos hablando? De una dosis diaria de unos 30 gramos.

En otro estudio realizado con hombres, éste en UCLA, se comprobó que una dieta combinada rica en fibra y baja en grasa aportaba unas notables reducciones en los niveles de glucosa en ayunas y de insulina, así como en el índice de masa corporal y en el total de lípidos (*Diabetes Research Clinical Practice,* sept. 2006-73(3): 249-259).

¿Cuánta fibra necesitamos para beneficiarnos del efecto preventivo que tiene contra las enfermedades coronarias?

Según un estudio realizado con hombres, aquellos que tomaban más de 25 gramos de fibra (soluble e insoluble) al día veían reducido el riesgo de padecer una coronariopatía en un 36%, frente a los que tomaban menos de 15% gramos al día. ¿Te parece imposible? Con las recetas y consejos adecuados, y nada más, algunos podemos llegar a conseguirlo la mayoría de los días.

¿Qué hace que la fibra soluble sea tan adecuada?

La fibra hace que la absorción de los nutrientes, incluidos los hidratos de carbono, que la acompañan sea más lenta. Esa lentitud contribuye a evitar las subidas y bajadas de azúcar en sangre. Se ha indicado, asimismo, que las comidas altas en fibra mejoran la sensibilidad del organismo a la insulina, de manera que reduce las necesidades de ésta en los pacientes con diabetes tipo 2.

La fibra soluble, al pasar por los intestinos, se adhiere a todo lo que encuentra a su paso y lo expulsa del organismo. Una de las cosas que a la que sabemos que se adhiere es la bilis (jugo digestivo que produce el organismo utilizando el colesterol)), por lo que el cuerpo necesita fabricar más bilis usando más colesterol. Esta operación hace que se reduzca el nivel de colesterol en sangre. Cada persona responde de manera diferente, pero para algunas combinar la fibra soluble con una dieta baja en grasas significa reducir el colesterol sérico en 50 puntos o más.

Añadir fibra a casi todas las comidas

El problema con la típica dieta occidental hoy en día es que es cualquier cosa menos rica en fibra. Por lo general, se utilizan cereales «blancos» para todo; por la mañana comemos un panecillo o un bollo elaborado con harina blanca, al mediodía una hamburguesa con un panecillo blanco, y después acompañamos la cena con un cuenco de arroz blanco. Cuanto más refinado o más «blanco» sea un cereal, menos fibra contendrá.

Añadir fibra a casi todas las comidas requiere un esfuerzo. Empieza así:

- Toma mucha fruta y verdura. Con sólo tomar a diario cinco raciones de fruta y verdura (cosa que deberíamos hacer siempre), ya aportamos a nuestra dieta unos 5 gramos de fibra soluble. *Véase* el paso n.º 6.
- Añade a tu dieta legumbres y productos elaborados con ellas. Medio cuenco de alubias cocidas equivale a unos 2 gramos de fibra soluble.
- Pásate a los cereales integrales siempre que puedas.

Gracias a las maravillosas combinaciones de pasta integral que hay hoy en día en el mercado, comer pasta rica en fibra es un modo de vida fácil de asumir.

Cámbiate a la pasta integral en la medida en que sea posible, pero ten en cuenta que cuantos más alimentos integrales ricos en fibra tomes, mejor será tu salud general y, claro está, tu diabetes.

¿Dónde se encuentra la fibra soluble?

La mayoría de los vegetales contienen una parte de fibra insoluble y una parte de soluble. Aproximadamente, entre una cuarta y una tercera parte de la fibra vegetal es del tipo soluble, si bien hay vegetales que tienen más que otros. Los siguientes alimentos son algunos de los más ricos en fibra soluble:

- **Legumbres:** alubias carillas, alubias pintas, alubias moradas, alubias lima, lentejas, garbanzos y guisantes secos. Parte de la fibra soluble queda disuelta en el líquido de las legumbres envasadas y cocidas, por lo que si hacemos con ellas algún guiso es bueno añadirle un poco del líquido.
- **Avena y salvado de avena:** medio cuenco de salvado de avena seco equivale a 3 gramos de fibra soluble, y un cuenco de avena cocida (220 gramos) equivale a 2 gramos de fibra soluble.
- **Cebada:** este cereal se lleva consumiendo miles de años en muchas partes del mundo. En Norteamérica se utiliza mucho en sopas. La cebada perlada, que se ha molido, aporta 1,8 gramos de fibra soluble por cada tres cuartas partes de un cuenco de este cereal cocido.
- **Frutas:** algunas frutas, como las manzanas, el mango, las ciruelas, los kiwis, las peras, las moras, las fresas, las frambuesas, los melocotones, los cítricos como las naranjas y el zumo de uva (se obtiene más fibra si se toma con la pulpa y las membranas del interior de la fruta), y frutos secos, como albaricoques deshidratados, ciruelas e higos.

- **Algunas verduras:** alcachofas, raíz de apio, boniatos, chirivías, calabaza, patatas con piel, coles de Bruselas, guisantes, brócoli, zanahorias, judías verdes, coliflor, espárragos y remolachas.
- **Semillas de lino:** una cucharadita de semillas molidas equivale a unos 3 gramos de fibra soluble.

Date tiempo y toma mucha agua

En la mayoría de las personas, el organismo suele ajustar la ingesta de más fibra en unas seis semanas aproximadamente. En ese período de ajuste, es posible sentir distensión abdominal (gases). A fin de minimizar los efectos secundarios (diarrea, dolor abdominal y flatulencia) hay que ir aumentando la fibra poco a poco y tomar mucha agua (esto, de todos modos, siempre hay que hacerlo). La fibra soluble en especial absorbe el agua como una esponja, de modo que ¡a beber agua!

Otra cosa que se puede hacer es tomar Beano o Beanzima, unas pastillas contra la flatulencia que contienen una enzima que, cuando se toma junto con las alubias, el repollo, el brócoli y otros vegetales, ayuda a reducir esos efectos secundarios. Es muy útil para las estupendas recetas de legumbres del capítulo 6.

En el capítulo 7 se encuentra un listado de cereales ricos en fibra.

Los alimentos ricos en fibra son un plus para quien controla las calorías

Ambos tipos de fibra, cuando forman parte de la alimentación, proporcionan una sensación de saciedad, por lo que evitan comer en exceso. Cuando tomamos alimentos ricos en fibra, solemos comer menos. Un estudio reveló que cuando se toma un desayuno rico en fibra, después el almuerzo es menos abundante. ¿Por qué? Pues porque la fibra reduce la insulina, y ésta contribuye a estimular el apetito. Por otra parte, la fibra proporciona una sensación de saciedad.

Existen pruebas de que la fibra contribuye a limitar las calorías al bloquear la digestión de parte de las grasas, proteínas o hidratos de carbono que se comen en una sola ingesta. Del mismo modo, la fibra es una buena opción cuando se tiene sobrepeso.

Paso n.º 2: contar los hidratos de carbono y saber cuál es la cantidad ideal en cada comida

Todos los especialistas con los que he hablado están de acuerdo en que es importante determinar la cantidad de hidratos de carbono que se debe tomar en cada comida para ajustar las necesidades de cada uno. Es útil comparar la ingesta de hidratos de carbono en cada comida con el nivel de azúcar en sangre, una hora a hora y media después de comer, ya que de este modo se podrá ajustar la cantidad y conseguir un nivel normal de azúcar en sangre.

Esto no quiere decir que los hidratos de carbono sean malos, sino que es necesario saber la cantidad que el propio organismo puede tolerar (en diferentes horas del día), teniendo en cuenta el cuerpo, la medicación y el ejercicio físico. Hay que tener en cuenta que, según los especialistas, es más importante saber la cantidad de hidratos de carbono que se toman por comida o tentempié que la que se ingiere al día.

Individualizar la ingesta de hidratos de carbono

Si no se está tomando insulina, es importante centrarse en ingerir los hidratos de carbono justos a lo largo de todo el día. Si se toma insulina, hay que decidir, junto al médico o el especialista, la cantidad de estas sustancias que hay que tomar en cada comida, determinar la cantidad ajustada por comida y día, y, si se está tomando más o menos de esas cantidades, se adecuará siguiendo las instrucciones de los especialistas.

Calcular la cantidad de hidratos de carbono que se debe tomar

¡No hay que evitar ningún alimento! Se trata más bien de aprender a distribuir sabiamente la cantidad de hidratos que se debe tomar a lo largo del día. Una de las razones por las que hay que centrarse en contar los gramos de hidratos de carbono es por la rapidez con la que éstos aumentan el nivel de azúcar en sangre. El dietista o especialista tendrá en cuenta los siguientes factores a la hora de hacer los cálculos:

- El peso y la altura del individuo.
- Si el médico ha recomendado o no perder peso.
- Cuánto ejercicio se suele realizar y cuándo (la actividad física actúa en el organismo de manera semejante a la insulina y ayuda a reducir los niveles de azúcar en sangre).
- Si se toman fármacos para la diabetes o insulina, y cuándo se toman.
- Otras cuestiones médicas, como, por ejemplo, un nivel elevado de lípidos en sangre.

¿Hasta dónde llegar en la ingesta de hidratos de carbono?

La clave para muchos pacientes con diabetes tipo 2, en cuanto a evitar en la dieta alimentos que eleven el nivel de azúcar en sangre, es no optar por comidas pobres en fibra y ricas en hidratos de carbono. Dicho de otro modo: las comidas deben contener una cantidad moderada de hidratos de carbono. De esta manera algunas personas podrán perder peso y tener un mejor nivel de azúcar en sangre. Pero, según Rosemary Yurczyk y otros dietistas con los que he hablado, que trabajan día a día con diabéticos, no es necesario seguir una dieta tan baja en hidratos como en la dieta Atkins. Las personas solemos ver las cosas blancas o negras, buenas o malas, pero la respuesta real en el tema de la alimentación se encuentra en practicar la moderación, que es la mejor estratagema.

A continuación, veremos algunas de las preguntas que realicé en marzo de 2008 a Rosemary Yurczyk, una extraordinaria profesional licenciada en ciencias, dietista y especialista en diabetes.

¿Qué directrices debe acatar un paciente con diabetes tipo 2 para seguir una dieta que funcione con una cantidad determinada de hidratos de carbono?

Rosemary recomienda de 30 a 60 gramos en cada comida para las mujeres, y de 60 a 90 gramos para los hombres. Puede parecer mucho, pero esto es lo que suele funcionar en sus pacientes, dependiendo, claro está, de su peso, del objetivo que se desee conseguir en cuanto a azúcar en sangre, del ejercicio físico, de los fármacos que tomen, de sus hábitos de alimentación, etcétera. Por ello, lo mejor es trabajar codo con codo con un especialista para determinar y personalizar la cantidad de hidratos de carbono que se debe tomar.

Punto de partida para las mujeres

«Partiendo de que la mayoría de las mujeres que intentan perder peso necesitan consumir unas 1.500 calorías diarias, y un 50 % de ellas provienen de los hidratos de carbono, contamos con alrededor de unos 187 gramos de hidratos al día, o unos 60 gramos en cada comida», explica la Dra. Yurczyk. Este cálculo es para tres comidas diarias, pero si se sigue una dieta de cuatro comidas al día, el resultado es de unos 47 gramos de hidratos de carbono en cada ingesta o refrigerio.

A las pacientes que desean tomar menos medicación y/o tienen una gran resistencia a la insulina, Rosemary Yurczyk les recomienda que intenten tomar menos hidratos de carbono: el 40 % de calorías procedentes de éstos. Siguiendo esas directrices, el cálculo resultante para una dieta de 1.500 calorías es de 150 gramos de hidratos de carbono al día, o unos 50 gramos por comida si se hacen tres al día, o bien 38 gramos por ingesta si se hacen cuatro comidas o refrigerios al día.

Punto de partida para los hombres

Un hombre que intenta perder peso necesita consumir una media de 2.000 calorías al día, y el 50 % de ellas, procedentes de hidratos de carbono, se traduce en unos 250 gramos de hidratos al día, o unos 80 gramos en cada comida si se toman tres comidas al día. Si se sigue una dieta de cuatro comidas diarias, el cálculo será de unos 60 gramos de hidratos de carbono por comida o refrigerio.

A los pacientes varones que desean tomar menos medicación y/o tienen una gran resistencia a la insulina, Rosemary Yurczyk les recomienda que intenten tomar menos hidratos de carbono: el 40 % de calorías procedentes de ellos. Siguiendo estas directrices, el cálculo resultante para una dieta de 2.000 calorías diarias es de unos 200 gramos de hidratos al día, o unos 66 gramos en cada comida si se hacen tres comidas diarias, o bien 50 gramos si las comidas son cuatro al día.

Un trozo de pastel o una taza de arroz

En general, si la cantidad de hidratos de carbono es la misma, una ración de pastel equivale a una ración de arroz, de pasta o de pan. El efecto en el azúcar en sangre será similar, especialmente si se toma como parte de una comida y no como un tentempié.

Ahora veremos algunos ejemplos de qué alimentos (y en qué cantidad) aportan de 25 a 30 gramos de hidratos de carbono.

Alimento y ración	H. carbono (g)	Grasa (g)	Fibra (g)
Compota de manzana (sin azúcar)	28	0,1	3
Brócoli hervido 500 g	25	1,6	14
Arroz integral hervido 120 g	30	1,2	2,4
Bizcocho, 1 ración	30	9,6	0
Pastel de chocolate glaseado	28	8,5	1,5
Galletas, tipo sándwich, 4	28	8,2	1,2
Helado light 60 g	25	5	0
Alubias en conserva 140 g	31	1,8	9
Avena cocida 100 g	25	2,3	4
Zumo de naranja fresco, 240 ml	25	0	0
Salvado con pasas 40 g	30	1	4,7

Alimento y ración	H. carbono (g)	Grasa (g)	Fibra (g)
Cereales arroz Krispies 30 g	29	0	0
Fresas en rodajas 450 g	29	1,5	6,4
Sandía en dados 450 g	29	1,7	1
Bagel (bollo) integral 5 g	31	0,8	5
2 rebanadas de pan integral	32	2,9	4,3
Pasta hervida integral 1 ración	28	0,6	4
Pan pita integral 1	25	1,2	3,2
Yogur de fruta desnatado 170 g	32,5	2	0,2

¿Existe un número de terminado de comidas diarias que favorezca a los pacientes con diabetes tipo 2?

La mayor parte de los pacientes de Rosemary Yurczyk realizan tres comidas al día, más un tentempié por la tarde, si es necesario. Lo más importante para Rosemary es que distribuyan las comidas a lo largo del día y que las hagan cada cuatro horas. Más o menos de la siguiente forma:

- Desayuno entre las 7.00 y las 8.00 horas.
- Comida hacia las 12.00 horas.
- Un pequeño refrigerio entre las 15.00 y las 16.00 horas.
- Una cena ligera entre las 18.00 y las 19.00 horas.
- Algún té verde u otra bebida baja en calorías que apetezca alrededor de las 21.00 horas.

¿Son las mañanas especialmente problemáticas debido que la resistencia a la insulina es mayor a primera hora del día? ¿Qué es lo que funciona mejor a esas horas del día?

Según Rosemary, el aumento hormonal por la mañana parece incrementar la resistencia a la insulina de las personas con diabetes tipo 2. Hay que controlar los gramos de hidratos de carbono y de fibra que se han tomado a la hora del desayuno, así como el nivel de azúcar en sangre, e irlo anotando en un diario, ya que ayudará a establecer la cantidad idónea que se debe tomar. De este modo, el paciente puede llegar a ingerir el nivel más bajo de hidratos de carbono en cada comida (50 gramos para las mujeres y 66 para los hombres), y de 6 y 8 gramos de fibra.

¿Cómo introducir la ingesta de fibra en la cantidad de hidratos de carbono diaria?

No se puede hablar de hidratos de carbono y diabetes tipo 2, o de hidratos de carbono y de buena salud en general sin hablar de fibra. Debemos recordar que una adecuada cantidad de fibra en las comidas ayuda al organismo a administrar mejor los hidratos de carbono que se ingieren. La cantidad de hidratos de carbono establecida en cada caso necesita también una cantidad precisa de fibra. Mientras la cantidad de hidratos impide excederse, la de fibra evita que la dieta se sitúe por debajo del requerimiento de fibra. «La gente toma menos fibra de la necesaria», puntualiza Rosemary.

Ingerir de 25 a 30 gramos de fibra al día es todo un reto, pero también un buenísimo objetivo. Esa cantidad de fibra beneficiará al organismo mucho más de lo imaginable, empezando por unos mejores niveles de azúcar en sangre y un colon más sano. Si se toman cuatro comidas al día de proporciones moderadas, la cantidad de fibra deseable en cada comida será del orden de unos 7 gramos. No parece tan descabellado, ¿verdad?

No hay que olvidar calcular

Puesto que tomar más fibra ayuda al organismo a administrar mejor los hidratos de carbono de la comida, muchos dietistas aconsejan a sus pacientes que resten de los gramos de hidratos de carbono de la comida los gramos de fibra que se ingieren para averiguar la cantidad «neta» de hidratos de carbono. Dicho de otro modo: si uno toma 50 gramos de hidratos de carbono en la comida, y ésta contiene, además, 7 gramos de fibra, la cantidad neta de hidratos de carbono a restar del conjunto diario será 43 gramos.

La mayoría de los diarios o agendas para dietas disponibles en el mercado tienen un espacio especial para anotar los gramos de hidratos de carbono. Yo he diseñado lo siguiente: *El día a día a la vista,* un listado para anotar los gramos de hidratos de carbono y también los de grasa y fibra, si se desea. Saber los gramos de grasa y de fibra complementa el programa de salud de los diabéticos. De este modo uno puede averiguar que las comidas ricas en grasas son las que ocasionan problemas, o que cierta cantidad de grasa parece normalizar los niveles de azúcar en sangre. Es posible descubrir que el nivel de azúcar en sangre mejora cuando las comidas contienen alimentos ricos en fibra.

Pérdida de peso mágica en la agenda alimentaria
Hay algo mágico en llevar una agenda para dietas: ¡en un reciente estudio se comprobó que puede llegar a duplicar la pérdida de peso de una persona! Los investigadores descubrieron que cuanto más anota la gente los alimentos que toma, más peso pierde. El estudio, publicado en agosto de 2008 en el American Journal of Preventive Medicine, corroboró la idea de que el simple hecho de anotar lo que se come anima a la gente a consumir menos energía. Esto representa un plus para los diabéticos que también intentan perder unos cuantos kilos (J. F. Hollis et al., «Weight Loss During the Intensive Intervention Phase of the Weight-Loss Maintenance Trial», American Journal of Preventive Medicine 35, n.º 2,118-126).

En el día a día a la vista, hay un espacio para anotar lo hambriento que uno está cada vez que come, además de otros donde se puede señalar el azúcar en sangre, la medicación, los minutos y el ejercicio físico. Toda esta información ayudará al paciente y al dietista o especialista a perfeccionar un plan dietético.

El día a día a la vista

Mediciones de azúcar en sangre

6.00 horas ....
8.00 horas ....
10.00 horas ....
12.00 horas ....
14.00 horas ....
16.00 horas ....
18.00 horas ....
20.00 horas ....
22.00 horas ....
24.00 horas ....
2.00 horas ....

Mediciones de insulina o de toma oral (unidades o número de pastillas que se toman)

6.00 horas ....
8.00 horas ....
10.00 horas ....
12.00 horas ....
14.00 horas ....
16.00 horas ....
18.00 horas ....
20.00 horas ....
22.00 horas ....
24.00 horas ....
2.00 horas ....

Actividad física (minutos)

6.00 horas ....

8.00 horas ....

10.00 horas ....

12.00 horas ....

14.00 horas ....

16.00 horas ....

18.00 horas ....

20.00 horas ....

22.00 horas ....

24.00 horas ....

2.00 horas ....

Comidas/tentempiés   Día .... Fecha / /

comidas/tentempiés	hidratos grasa fibra	nivel de hambre
comidas/tentempiés	hidratos grasa fibra	nivel de hambre
comidas/tentempiés	hidratos grasa fibra	nivel de hambre
comidas/tentempiés	hidratos grasa fibra	nivel de hambre

(*nivel de hambre: 4 = mucha hambre; 3 = con moderada hambre; 2 = un poco de hambre; 1 = nada de hambre)

Paso n.º 3: pasar a los hidratos de carbono más acertados y hacer hincapié en alimentos con bajo nivel glucémico

¿Es realmente el índice glucémico o IG (la cifra que nos indica cuánto sube el nivel de azúcar en sangre después de tomar determinado alimento que contenga hidratos de carbono) la quintaesencia de la nutrición y la salud?

No exactamente.

Los alimentos con un alto índice glucémico, como el pan y el arroz blanco, proporcionan una subida rápida de azúcar, que también cae con rapidez. Los alimentos con un índice glucémico bajo, como los cereales integrales, las legumbres y algunos vegetales, mantienen la sensación de saciedad durante más tiempo, ya que hacen que el nivel de azúcar en sangre suba más lentamente.

Yo llamo al índice glucémico «trabajo en curso», pues es en realidad una herramienta a la hora de elegir el alimento que vamos a tomar, no sólo el único medio para medir lo que comemos. Esto se debe a que se basa en cómo sube el azúcar en sangre en respuesta a determinado alimento, como las zanahorias o el arroz. Pero lo que sucede es que no nos sentamos frente a tan sólo un cuenco de arroz o un plato de zanahorias, sino que tomamos alimentos combinados en platos y ágapes. La presencia de la grasa o la fibra en una comida influye también en la rapidez con que nuestro organismo metaboliza los hidratos de carbono, e intervienen otros factores, como el tiempo de cocción de los fideos o lo fino del cereal molido. Así, por ejemplo, unos fideos ligeramente por debajo del punto de cocción se absorben de forma más lenta y tienen un IG más bajo, y cuanto más molido está un cereal, con más rapidez se absorben sus hidratos de carbono.

Aquí es cuando aparecen las controversias. Investigadores y especialistas siguen estando en desacuerdo acerca de si los alimentos con un IG bajo contribuyen a perder peso, a reducir el nivel de azúcar en sangre y también el riesgo a sufrir cardiopatías y cáncer, comparados con los alimentos con un IG alto.

Tras revisar las investigaciones realizadas, el Instituto Norteamericano para la Investigación del Cáncer (AICR, según sus siglas en inglés) determinó: «Debido a las insuficientes pruebas clínicas y a la continua preocupación sobre los métodos empleados para determinar los valores del índice glucémico, el AICR advierte a la población de que no debe realizar cambios en la dieta ateniéndose solamente a este interesante pero no demostrado concepto». Debe abordarse una herramienta en teoría más útil: la carga glucémica de los alimentos.

La mejor manera de medir

La carga glucémica (CG) se asemeja al índice glucémico, en cuanto que en ella, la cifra más baja corresponde a una mejor respuesta del azúcar en sangre. Pero los valores de la CG permiten establecer comparaciones con el posible índice glucémico de las raciones de alimentos. Así, por ejemplo, las zanahorias, que suelen tener un alto índice glucémico, tienen, en realidad, una carga glucémica baja porque tiene en cuenta los gramos de hidratos de carbono de la ración.

Esto significa que el índice glucémico nos dice lo rápido que un hidrato de carbono determinado de una comida hace subir el nivel de azúcar en sangre, pero no tiene en cuenta cuántos hidratos de carbono tiene en una ración. Es decir, algunos alimentos sanos, pero relativamente bajos en hidratos de carbono, como el caso de las zanahorias, resultan tener un alto IG.

La carga glucémica tiene en cuenta el número de hidratos de carbono por ración, además del índice glucémico del alimento. Para obtener la carga glucémica de un alimento, se multiplica la cifra del IG por el número de hidratos de carbono que tiene la ración de alimento.

¿Cómo influyen la carga glucémica y el índice glucémico?

Entre los numerosos factores que ayudan a determinar la respuesta glucémica del organismo frente a un determinado alimento se encuentran los siguientes:

- La forma del alimento, como, por ejemplo, una manzana cruda frente a otra en compota. Los alimentos triturados suelen presentar un índice/carga glucémica más alto.
- Madurez del alimento: cuanto más madura esté una fruta, mayor será su índice glucémico.
- Fibra: especialmente la fibra viscosa, un tipo de fibra soluble que se encuentra en la avena, la cebada y en otros alimentos. Por lo general, a más cantidad de fibra, menor índice/carga glucémica.

- Acidez: a mayor acidez del alimento, menor índice/carga glucémica.
- Tratamiento del alimento: cuanto más procesado o refinado esté un alimento, mayor será su índice/carga glucémica. Cuando el cereal es «entero», las enzimas digestivas del organismo tienen que trabajar más para descomponerlo, lo cual hace que se reduzca la respuesta glucémica. Hay excepciones notables: la pasta, el arroz vaporizado y el arroz basmati suelen tener unos índices glucémicos bajos, especialmente si no se cuecen demasiado.
- Tomar proteínas y grasas con el alimento: la presencia de grandes cantidades de proteínas y grasas reduce el índice/carga glucémica.

Los alimentos que cito a continuación, si se toman solos, incluso en grandes cantidades, no producen una subida de azúcar en sangre significativa, pues contienen pocos hidratos de carbono: pollo, pescado, aguacate, ensaladas verdes, huevos y queso.

Aspectos esenciales de la carga glucémica y el índice glucémico

Siempre busco lo esencial de las cosas, y en el caso de la carga glucémica lo más importante es que conduce a buscar tipos de hidratos de carbono menos procesados, como las verduras, las frutas, los cereales integrales y las legumbres. Lo cierto es que hay muchísimas pruebas de que una dieta básicamente vegetal puede reducir el riesgo de padecer enfermedades como el cáncer, las cardiopatías y la diabetes. Y los vegetales suelen tener menores índices glucémicos. Pero lo que está todavía por determinar es si una dieta con un bajo índice glucémico es lo que en realidad ayuda a prevenir las enfermedades o si ese efecto se produce por seguir una dieta rica y variada en alimentos sanos.

El índice glucémico y la carga glucémica de los alimentos más comunes

Veamos los valores de IG y CG de alimentos comunes. He incluido también su contenido en fibra. Hay que tener en cuenta que los IG/CG son tan sólo dos herramientas, y que hay otros aspectos de los alimentos (vitaminas, minerales, fibra y sustancias fitoquímicas) muy importantes para nuestra salud. En cuanto a la carga glucémica, los valores de la tabla oscilan del 0 (brócoli, col rizada, espinacas, etcétera) al 58 (dátiles secos). En esta tabla se utiliza como referencia de índice glucémico el pan blanco, que tiene un IG de 100 cuando se usa como un referente glucémico.

Los gramos de fibra se basan en la misma ración (generalmente la ración típica del alimento en particular) en la que se ha determinado la carga glucémica.

Alimento	IG	CG	Fibra (g)
BEBIDAS			
Leche entera	38	4	0
Leche desnatada	46	6	0
Chocolate con leche	49	12	1,2
Coca-cola	90	22	0
ZUMOS			
Manzana sin endulzar	57	17	0,3
Zanahoria (fresco)	61	14	1
Arándanos cóctel	97	33	0,3
Uva sin endulzar	69	12	0,3
Naranja sin endulzar	71	18	0,5
Piña sin endulzar	66	22	0,5
Tomate en lata sin endulzar	54	6	1,1
PANES			
Bagel blanco	103	35	1,8
Baguette	136	21	1,8
Pan de salvado de avena	63	11	1,4
Pan de centeno	71	8	1,8
Pan blanco	100	14	0.7
Pan integral 100 %	73	10	4,5
CEREALES DE DESAYUNO			
Cereales con fibra (Kellogg's)	54	13	9,7
Bran Chex	83	15	4,9
Cheerios	106	21	2,6
Corn Chex (maíz)	118	29	0,5

Alimento	IG	CG	Fibra (g)
Copos de maíz	130	33	0,8
Corn Pops	114	2	0,4
Crema de trigo	105	30	3
Crispix	124	30	0,7
Froot Loops	99	25	0,6
Golden Grahams	102	25	0,9
Grape-Nuts	107	22	2,6
Salvado de avena	78	4	1,5
Raisin Bran	87	17	4
Rice Chex	127	32	0,3
Rice Krispies	117	30	0,3
Cereales de desayuno	107	21	3
Special K	98	19	0,9
Total:	109	24	2,6
CEREALES			
Cebada perlada	36	15	5,7
Trigo sarraceno	78	22	6
Bulgur cocido	68	17	7
Maíz cocido	85	20	4
Cuscús cocido 5 minutos	93	23	2,1
Avena (en crema)	83	18	4
ARROCES			
Blanco, grano largo sin tratar y cocido 15 minutos	71	29	0,6
Arroz Uncle Ben, cocido 20 minutos	107	39	0.6

Alimento	IG	CG	Fibra (g)
Basmati blanco	83	30	0,3
Arroz integral al vapor	72	22	3
PRODUCTOS LÁCTEOS			
Helado de vainilla light (½ de grasa)	67	7	0
Helado de chocolate (15 % grasa)	53	6	0,5
Leche entera	38	4	0
Leche desnatada	46	6	0
Pudin de vainilla inst. c/ leche entera	57	8	0
Yogur fruta con azúcar bajo en grasa	47	14	0
Yogur fruta con Splenda desnatado	33	6	1
Leche de soja, baja en grasa	63	11	1
FRUTAS			
Manzana	57	8	4
Plátano	73	18	3
Cerezas	32	4	2,8
Dátiles secos	147	58	4,5
Pomelo	36	4	5
Uva	66	11	1,2
Kiwi	68	7	4,1
Naranja	69	7	3
Melocotón	40	62	0,4

Alimento	IG	CG	Fibra (g)
Pera	54	6	3
Piña	84	10	1,5
Ciruela	34	41	0,8
Ciruelas pasas	41	14	4,3
Uvas pasas	91	28	3
Melón francés o cantaloup	93	6	1
Fresas	57	1	2,8
Sandía	103	6	0,6
LEGUMBRES			
Frijoles	59	18	9,6
Garbanzos	39	11	6,6
Alubias en lata	74	12	14
Alubias negras remojadas y después cocidas durante 45 minutos	28	7	13,1
Lentejas	36	7	12
Alubias pintas	55	14	13
Soja verde cocida	25	1	6,3
PLATOS PREPARADOS			
Nuggets de pollo	66	10	0,4
Barritas de pescado	54	10	0
Patatas fritas congeladas	107	30	4,5
Pizza con queso congelada	86	22	2
Pizza vegetariana (fina)	70	17	3

Alimento	IG	CG	Fibra (g)
Pasta/ fideos			
Fettuccine, fideos de huevo	57	25	2
Macarrones cocidos 5 minutos	64	30	1
Espaguetis cocidos 5 minutos	45	21	3,1
Espaguetis de trigo duro cocidos 11 minutos	84	39	3,1
Aperitivos			
Chips de maíz	60	15	1,8
Barritas de fruta, fresa	129	32	0,5
Palomitas de maíz en microondas	102	11	3
Pretzels (galletas saladas) horneados	119	22	1
Dulces			
Chocolate (con leche)	49	10	1,7
Chocolate blanco	63	18	0
Roll-Ups con fruta y vitamina C	142	33	0
Pastillas de gelatina	112	30	0
M&M con cacahuetes	47	8	1
Barrita Snicker	97	32	1,5
Barrita Twix	63	24	0,7
Frutos secos			
Anacardos	31	4	1,7
Cacahuetes	19	1	4

Alimento	IG	CG	Fibra (g)
AZÚCAR			
Miel	78	14	0
Sacarosa (azúcar)	97	10	0
VEGETALES			
Brócoli al vapor	0	0	2,5
Col rizada cocida	0	0	2
Espinacas crudas	0	0	2,2
Calabacín al vapor	0	0	1
Lechuga romana	0	0	1
Guisantes cocidos	68	4	4,4
Maíz dulce cocido	85	15	2
Zanahorias cocidas	70	3	3
Patatas al horno con piel	121	36	4
Boniatos horneados con piel	69	22	6

Paso n.º 4: hacer hincapié en las grasas beneficiosas para el corazón y contabilizar los gramos de grasa para equilibrar bien las comidas y los tentempiés

Quizás el lector piense que la grasa de los alimentos es la grasa de los alimentos y punto. Pero en ellos se encuentran tres tipos de grasa: ácidos grasos saturados, ácidos grasos poliinsaturados y ácidos grasos monoinsaturados. Una de ellas es mejor que las otras. Las grasas monoinsaturadas no parecen potenciar las cardiopatías, las placas en las arterias y el cáncer como parecen hacer las grasas saturadas y algunas de las poliinsaturadas. No es baladí, pues, empezar a consumir más grasas monoinsaturadas y, definitivamente, menos grasas saturadas.

Hay dos aceites comunes que contienen sobre todo grasas monoinsaturadas: el aceite de oliva y el aceite de canola. Cada uno de ellos aporta diferentes beneficios (más adelante se proporciona información de los dos), así que personalmente yo uso ambos.

Algunas recetas o alimentos de los que consumo requieren mantequilla pero sólo si se trata del mejor tipo de grasa para esos determinados alimentos. Aun así la utilizo lo menos posible, y siempre que puedo la sustituyo por aceite de oliva, de canola o margarina de canola. La mayoría de las veces que salteo o frío uso estos aceites. En las recetas al horno, como los pasteles, empanadas o magdalenas, me paso al aceite de canola. Si la receta de un pastel sugiere usar mantequilla para conferir mayor cremosidad a la masa, entonces uso mi margarina favorita (*véase* el capítulo 7).

Aceite de canola

Quizás hayas oído decir que el aceite de canola es una grasa «buena», y tal vez incluso hayas escuchado que la canola es una de las pocas plantas fuente de ácidos grasos omega 3. Pero, ¿cuánta hay que consumir para obtener la potencial dosis beneficiosa de ácidos grasos omega 3? Pedí a los especialista de Best Foods, los productores en Estados Unidos del aceite de canola Mazola que me enviaran el contenido real de los ácidos grasos que contenía una cucharada sopera de este aceite. Me quedé gratamente sorprendida al saber que una cucharada de aceite de canola contiene 1,5 gramos de ácidos grasos omega 3 (prácticamente la misma cantidad que se encuentra en 100 gramos de salmón cocinado). Una cucharada contiene, asimismo, 9 gramos de ácidos grasos omega 9 (al igual que un ácido oleico, una grasa monoinsaturada puede reducir el desarrollo de carcinomas de mama) y 7 miligramos de tocoferoles combinados (un grupo de antioxidantes, también llamados alfa-tocoferoles, que contienen vitamina E).

El aceite de canola tiene un sabor neutro y puede calentarse a altas temperaturas, por lo que me gusta utilizarlo en las recetas al horno y para freír.

Aceite de oliva

En los últimos años se han realizado diversos estudios sobre las personas que habitan en las zonas mediterráneas porque tienen, sorprendentemente, un índice muy bajo de cardiopatías, a pesar de que su dieta típica incluye cantidades generosas de grasa. En la dieta mediterránea hay mucho pescado, aceitunas, aceite de oliva, fruta y verdura, legumbres y frutos secos. Ahora ya sabemos que todos esos alimentos tienen efectos beneficiosos en nuestro organismo, y entre ellos está el aceite de oliva.

El aceite de oliva no contiene ácidos grasos omega 3 como el de canola, pero la mayoría de sus ácidos grasos siguen siendo las grasas monoinsaturadas más beneficiosas; entre un 56 y un 83 % de los ácidos grasos del aceite de oliva son específicamente ácidos oleicos. El aceite de canola aporta más vitamina E que el de oliva, pero, en cambio, este aceite añade a la dieta algo que el de canola no aporta: las sustancias fitoquímicas protectoras de las aceitunas. Me gusta utilizar aceite de oliva en las ensaladas frías, en las recetas italianas, en las marinadas y en las vinagretas.

Pasarse a las grasas buenas

Evitar los alimentos grasientos y ricos en grasas no es ninguna tontería, pero aún podemos mejorar más nuestra salud si elegimos las grasas adecuadas, que son los ácidos grasos omega 3 del pescado, los de los vegetales, y las grasas monoinsaturadas.

¿Y qué significa esto a la hora de cocinar con grasas? El aceite de oliva es el que contiene más grasas monoinsaturadas y más sustancias fitoquímicas, pero no aporta ninguno de los ácidos grasos omega 3 de los vegetales. El aceite de canola es el que menos grasas saturadas tiene de todos los aceites para cocinar, contiene una cantidad muy generosa de grasas monoinsaturadas y aporta la mayor cantidad de omega 3 de todos los aceites vegetales.

Las grasas monoinsaturadas ayudan a reducir el riesgo de padecer coronariopatías, especialmente si pasan a sustituir a las grasas trans de los alimentos que tomamos. Reducen la presión arterial y el LDL (colesterol malo), a la vez que pueden contribuir a aumentar el HDL (colesterol bueno). Si se combina una dieta alta en grasas monoinsaturadas con una menor ingesta de hidratos de carbono, se puede mejorar la sensibilidad a la insulina. Algunos de los alimentos ricos en grasas monoinsaturadas son los siguientes: los aceites de oliva, de canola, de cacahuete, de avellanas y de almendras; las almendras y otros frutos secos, y los aguacates.

Los ácidos grasos omega 3, y en especial los del pescado, pueden reducir los coágulos sanguíneos, la arritmia cardíaca, los triglicéridos, y también contribuir a regular la presión arterial. Asimismo, los ácidos grasos omega 3 vegetales son beneficiosos, pues el organismo puede transformar una pequeña cantidad de los omega 3 vegetales en los omega 3 del pescado. Además, existen pruebas de que los omega 3 vegetales reducen también el riesgo de sufrir cardiopatías a través de procesos diferentes que los de los omega 3 del pescado.

Existe también la posibilidad de que los ácidos grasos omega 3 reduzcan el riesgo de sufrir cáncer, algo que están investigando los científicos. Según parece, estos ácidos grasos tienen una acción antiinflamatoria, por lo que hay estudiosos que indican que tomar más omega 3 reduce el riesgo de sufrir enfermedades de tipo inflamatorio.

¿Hay que contar los gramos de grasa?

Para algunas personas con diabetes es útil contar los gramos de grasa, pues el tema de la grasa de los alimentos puede ser para ellas un tanto peliagudo. La única manera de saber el número de gramos de grasa que van mejor a determinada hora del día es contarlos de vez en cuando. Hay que echar un vistazo al día a día de la agenda y comprobar qué cantidad de grasa es la que suele producir mejores niveles de azúcar en sangre a horas concretas del día.

Cada persona es diferente, pero la mayoría de las que tienen diabetes tipo 2 controlan mejor la ingesta de hidratos de carbono cuando la han acompañado con algunas proteínas y grasas. La grasa ayuda a reducir la respuesta de la glucosa en sangre de los alimentos que la acompañan. Así pues, «algo» de grasa es definitivamente una buena cosa, en especial si se trata de uno de los tipos de grasas más protectora (monoinsaturadas, omega 3 y omega 9). De lo que se trata es de una cuestión de equilibrio, de acompañar los alimentos ricos en hidratos de carbono (pan, cereales, almidones, frutas, dulces, etcétera) con otros que aporten algunas proteínas y grasas.

Una buena idea a la hora de calcular qué combinaciones alimentarias son las más óptimas es contar los gramos de grasa junto a los gramos de hidratos de carbono. Para muchas personas con diabetes tipo 2, las comidas demasiado ricas en grasas (sobre todo en grasas animales y saturadas) pueden tener funestas consecuencias en cuanto al nivel de azúcar en sangre tras las comidas. En algunos pacientes, las comidas ricas en grasas animales hacen que el organismo se vuelva muy resistente a la insulina. Comidas como los desayunos con salchichas y huevos, o la típica pizza con salchichón pueden convertirse en una pesadilla de glucosa en sangre.

Cocinar con grasas buenas

Si en una receta se pide que el aceite sea vegetal, se puede utilizar aceite de canola. Si dice aceite vegetal y crees que el aceite de oliva favorecerá al plato y no hay que calentarlo a temperaturas extraordinariamente altas (el aceite de oliva empieza a humear y se descompone a temperaturas extremas), entonces puedes emplear el otro. Pero ¿y si en la receta se habla de manteca, mantequilla o margarina?

A veces, si creo que es la mejor opción para una determinada receta, sigo utilizando mantequilla. No la empleo si veo que la puedo sustituir por otro ingrediente. Pero si la mantequilla no es imprescindible y la receta original habla de mezclar manteca, mantequilla o margarina en la batidora, pueden incorporarse primero el azúcar y los huevos y luego una margarina que contenga unos 8 gramos de grasa por cada cucharada. A veces uno puede salir del paso mezclando un poco de aceite de canola con un poco de queso cremoso fresco o crema agria, en lugar de la grasa original de la receta. Si se trata de saltear algo en una sartén se puede pasar fácilmente al aceite de oliva o al de canola, pudiendo, además, utilizar menos cantidad que la indicada en la receta, sobre todo si se usa un utensilio antiadherente.

Empieza a reunir recetas que gusten a tu familia y que se preparen con estos aceites. Yo hago una receta de una empanada baja en grasas en la que se usa aceite de canola. También utilizo aceite de oliva para aliñar las ensaladas y para las recetas con vinagretas (como la de ensalada verde y la ensalada de pasta). Éstos son los cambios que puedes empezar a hacer desde ahora mismo.

Paso n.º 5: intentar mantener bajo el nivel de colesterol, de grasas saturadas y de grasas trans

Si bien ahora las grasas monoinsaturadas están «in», las grasas saturadas y las trans están «out». Es bien raro encontrar a alguien que no sepa que hay que comer menos grasas trans y menos grasas saturadas. Grandes cantidades de estas grasas están asociadas a las cardiopatías. Y de manera más específica, las grasas saturadas han demostrado que aumentan el colesterol malo (LDL) y los triglicéridos en sangre, y las grasas trans que reducen el colesterol bueno (HDL), además de elevar el nivel de colesterol malo (LDL). Por tanto, un buen consejo es tomar menos grasas trans y saturadas. Aunque dar este consejo es fácil, seguirlo ya es otra cosa, especialmente si se vive en países como Estados Unidos, donde las grasas saturadas son sinónimo de auténtica comida americana: hamburguesas, patatas fritas, pizza, *hot dogs* (perritos calientes) y pastel de manzana.

Y no importa si el nivel de azúcar en sangre mejora con una dieta baja o moderada en grasas, de cualquier manera hay que reducir el colesterol, las grasas trans y las saturadas. El colesterol debe limitarse a 200-300 miligramos o menos al día, y las grasas saturadas no deben suponer más de un 7 o un 10 % del total de calorías ingeridas (para alguien que consuma 1.800 calorías al día, eso significa de 14 a 20 gramos de grasas saturadas al día).

Las terribles grasas trans

Los ácidos grasos trans son ácidos grasos insaturados que contienen al menos un doble enlace en su configuración trans. Se producen de manera natural a bajos niveles en la carne y los productos lácteos, pero la mayoría de las grasas trans de la dieta americana provienen de la hidrogenación parcial de los aceites vegetales. Es un proceso que transforma parte de las grasas insaturadas de los aceites en ácidos grasos trans, lo que los hace más sólidos y estables. Las grasas trans se encuentran en cualquier comida o grasas comestibles que contengan aceites o grasas parcialmente hidrogenadas.

Los ácidos grasos trans están muy relacionados con los efectos dañinos de las grasas saturadas, a excepción de que las grasas trans suponen un doble revés al perfil de los lípidos en sangre: además de aumentar el nivel de colesterol malo (LDL), como hacen las grasas saturadas, reducen al mismo tiempo el nivel del colesterol bueno (HDL).

Ésta es una de las razones por las que muchos investigadores consideran que las grasas trans son peor que las grasas saturadas. Entre ellos, los hay que sospechan que no sólo aumentan el riesgo de sufrir una cardiopatía, sino también el riesgo de padecer diabetes tipo 2, cáncer de colon y cáncer de mama.

Debemos tomar la menor cantidad posible de grasas trans. Hay margarinas y mantecas que pueden llegar a contener entre un 20 y un 40% de ácidos grasos trans, aunque existe una nueva generación de margarinas producidas sin grasas trans o con muy poca cantidad de ellas. Se puede ver la cantidad de grasas trans de un producto en la etiqueta donde se encuentran los datos nutricionales, pero hay que tener en cuenta que si el producto tiene menos de 0,5 gramos por ración de esas grasas, en la etiqueta puede constar «0» gramos. En el mercado hay todavía muchos productos con bastantes grasas trans, de modo que debemos estar bien atentos cuando compramos alimentos procesados.

No consumir más de 2 gramos de grasas trans al día

La Asociación Norteamericana del Corazón advierte a los ciudadanos que no deben consumir más de 2 gramos de grasas trans al día. Eso es el mejor de los panoramas, ya que en el mundo actual es probable llegar a tomar el doble o el triple de esa cantidad en una sola comida, sobre todo si se frecuentan los restaurantes de comida rápida.

Las grasas trans en la comida rápida

En algunas de las cadenas de comida rápida que he estudiado no ofrecen información sobre las grasas trans en sus guías nutricionales, aunque afortunadamente las hay que sí lo hacen, lo que nos da una idea de dónde se esconden esas grasas trans, para así evitar esos menús.

Veamos en el siguiente listado los peores infractores de grasas trans. Si los restaurantes utilizan grasas trans **lo hacen escondiéndolas en las empanadas, en los pasteles y en los bollos**. Aquí mostramos unos cuantos ejemplos:

- l pastel de pollo de KKC contiene nada menos de 14 gramos de grasas trans.
- El pastel de manzana de Arby y el Cherry Turnover contiene 6,5 y 6 gramos de grasas trans, respectivamente.
- El pastel de canela de Arby contiene 4 gramos de grasas trans.
- Los cini-minis de Burger King contienen 4 gramos de grasas trans.

- Las galletas de mantequilla de Chick-fil-A contienen 3 gramos de grasas trans, y las galletas de KFC, 3,5 gramos.

El pollo empanado, el pollo frito y el pescado y marisco aportan más grasas trans de lo que se cree. He aquí unos cuantos ejemplos:

- Las almejas y navajas empanadas de Long John Silver contienen 2 gramos de grasas trans por ración.
- La ensalada de pollo crujiente de Long John Silver contiene 6,5 gramos de grasas trans.
- Una ración de pescado rebozado de Long John Silver contiene 4,5 gramos de grasas trans.
- Una ración de fritos de pollo empanado de McDonalds contiene 2,5 gramos de grasas trans.

Las grasas trans pueden acechar tras unas patatas fritas si se han frito con grasa que la contiene. Aquí tenemos unos cuantos ejemplos:

- Una ración pequeña de «hash browns» de Burger King contiene 5 gramos de grasas trans.
- Una ración pequeña de patatas fritas de Burger King contiene 3 gramos de grasas trans.
- Una ración pequeña de patatas fritas de Mc Donalds contiene 3,5 gramos de grasas trans.

Los postres añaden unos cuantos gramos más de grasas trans al total de la comida. Aquí vemos unos cuantos ejemplos:

- El pastel de manzana de McDonalds parece muy inocente (al fin y al cabo está hecho al horno) pero cada ración contiene 5 gramos de grasas trans.
- El *brownie* de nueces de Chick-fil-A contiene 2,5 gramos de grasas trans.
- Las galletas de McDonalds tienen 2,5 gramos de grasas trans y una de las de azúcar tiene 2 gramos de estas grasas.
- El pastel de nueces pacanas de Long John Silver aporta 2 gramos de grasas trans.

Fuentes de grasas saturadas

Uno de los grupos de alimentos que más contribuyen a añadir a la dieta americana grasas saturadas y colesterol es el de la carne, grupo que incluye las carnes procesadas, ternera, huevos, pollo y otros. Si en líneas generales se eligen carnes magras, se utiliza huevina en vez de huevo y se le quita la piel al pollo, el nivel de grasas saturadas y colesterol descenderá.

El grupo de los lácteos es otro de los que contienen grasas saturadas, de modo que hay que elegir los desnatados para reducir las grasas saturadas y el colesterol.

Las grasas saturadas se encuentran en otros alimentos comunes, como la mantequilla, el helado, la manteca, el beicon y cualquier alimento elaborado con aceite de coco y de palma y con aceites hidrogenados, como el caso de la margarina. Muchos de los alimentos envasados que compramos, como galletas saladas, galletitas, aperitivos, alimentos congelados y pastas, contienen aceites hidrogenados.

Dónde reducir el colesterol

Los vegetales no contienen colesterol. Cuando se encuentran grandes cantidades de grasa en los animales y en sustancias de origen animal, el colesterol por lo general no anda muy lejos. Las fuentes más altas en colesterol son las yemas de los huevos, las vísceras (especialmente el hígado), los productos lácteos enteros y las carnes grasas. Existen unos cuantos pescados y mariscos que tienen un poco más de colesterol que el resto, como las gambas, los calamares, los cangrejos y la langosta, pero son pobres en grasas y en grasas saturadas, así que no hay que preocuparse demasiado por disfrutar ocasionalmente de un cóctel de gambas o unos calamares.

Evitar las vísceras ya es otro tema. Y comprar el pollo sin piel es fácil. Yo, personalmente, no he tenido problema alguno en pasarme a la leche y al yogur desnatados, tomar queso bajo en grasa y crema de leche desnatada. Hoy en día es fácil conseguir huevina, o sustitutivo del huevo, y cocinar algunas recetas combinando huevos con este producto, en una proporción de un 50%, pero recetas como las magdalenas, los pasteles, las *quiches* y las tortillas siguen saliendo mal.

Hay que tener en cuenta que hay personas que experimentan grandes cambios en cuanto a su nivel de colesterol después de aumentar o disminuir la ingesta de grasas saturadas y alimentos con colesterol, y otras, en cambio, apenas ven cambio alguno. Hay que bendecir o maldecir a la genética. Algunas personas son más sensibles al aumento del colesterol cuando toman alimentos ricos en esta sustancia y en grasas saturadas.

Paso n.° 6: contar calorías es útil para muchas personas con diabetes tipo 2

Sólo podemos perder grasa corporal cuando la cantidad de calorías que quemamos supera a las que ingerimos con los alimentos, o sea que las calorías cuentan. Perder peso puede revertir o mejorar la diabetes y la resistencia a la insulina.

Escucha a tu estómago cuando tengas hambre. Si estás físicamente hambriento, debes comer. Cuando dejas de tener hambre, y estás cómodo, debes dejar de comer. Pero todo esto tiene que suceder siguiendo la norma de introducir una cantidad adecuada de hidratos de carbono en cada comida. Si después de comer la cantidad determinada con anterioridad sigues teniendo hambre, debes consultar con tu especialista.

Paso n.° 7: comer más fruta y verdura

Empezar cada comida o tentempié con un plato de sopa o una ensalada verde es un truco que yo aprendí en mi familia. Las investigaciones que se han realizado han confirmado que cuando se sirve verdura de primer plato disminuye el total de calorías ingeridas durante la comida. Si empiezas la comida disfrutando de unas verduras, por una parte te aseguras comer verdura y, por otra, no pasarte con la carne o el plato principal. Pongamos como ejemplo que quieres tomarte una pizza en un restaurante. Si mientras esperas la pizza te relajas tomando una buena ensalada con tomate y otros ingredientes vegetales (asegurándote de que el aliño sea natural y no más de una cucharada sopera), verás cómo no comes tanta pizza. Pero si te comes la pizza a la vez que la ensalada, es menos probable que te acabes la ensalada.

Hay que tener en cuenta que las personas con diabetes tipo 2 que toman fruta antes de comer pueden experimentar una subida de insulina, y también más hambre, lo que aumenta el riesgo de comer más de la cuenta.

Existen muchas buenas razones para comer más fruta y más verdura, entre ellas las altas dosis de fibra que contienen, así como minerales y vitaminas, antioxidantes y sustancias fitoquímicas, y la mayoría son de manera natural pobres en grasas, azúcares y sodio. Con frecuencia no comemos la cantidad suficiente de fruta y verdura, y en este sentido, mucha gente dice que es porque no es tan práctico como tomar otros aperitivos y comida rápida. Hay quien afirma que simplemente es que no tienen el hábito de hacerlo. Sea cual sea la razón, ha llegado el momento de cambiar.

Hacer que comer fruta y verdura sea un hábito

Creo que todos comeríamos más fruta y verdura si tuviéramos una madre que nos cuidara. Necesitamos que alguien nos recuerde comprar estos alimentos, alguien que los transforme en bonitas ensaladas de fruta o ensaladas verdes, en aperitivos, o en primeros platos y guarniciones sabrosas.

Veamos algunas maneras de acercarnos más a las frutas y verduras:

- Llena la despensa o tu automóvil con tus frutos secos favoritos, puesto que duran meses.

- Compra zanahorias y palitos de apio, y sácalos antes de la cena con alguna salsa rápida (un poco de crema agria ligera, algunas hierbas o simplemente un poco de aceite).
- Una vez a la semana, dedícate a preparar una gran ensalada de espinacas o de lechuga y consérvala en una fiambrera (sin aliñar) para irla sacando cuando la precises. De este modo tendrás lista durante unos cuantos días una maravillosa ensalada a modo de aperitivo para comer o cenar.
- Pasa cada cuatro o cinco días por la tienda o el supermercado y compra las mejores y más frescas frutas de la estación. Pero no basta con comprarlas, hay que acordarse de ellas y sacarlas para tomarlas como tentempié, y añadir un poco en cada comida.
- Con un buen cuchillo, unas piezas de fruta se pueden transformar en una magnífica ensalada. Añade una pizca de limón, de piña o de zumo de naranja por encima de la fruta (la vitamina C evita que se oscurezca).
- Compra fruta también en invierno, en lata, congelada o en zumo o sirope.
- Llena el frigorífico de casa y también el del trabajo con tus zumos de fruta favoritos (asegúrate de que sean 100 % zumo de fruta). Puedes comprarlos en envases individuales para poder llevarlos contigo, fuera de casa.
- Haz lo posible por incluir una verdura en la comida.
- Asegúrate de comer verdura cuando comas fuera de casa, en un restaurante o en un bar.

Para conseguir una lista de frutas y verduras ricas en fibra soluble repasa el paso n.º 1.

Paso n° 8: evita las comilonas

Comer más a menudo y en cantidades más pequeñas es una buena idea en general, pero aún lo es más en el caso de las personas con diabetes tipo 2.

Cómo actúan las pequeñas comidas sobre el nivel de azúcar en sangre

Las comidas pequeñas y espaciadas a lo largo del día (cada dos horas y media o tres horas) se traducen en unos niveles de azúcar en sangre más estables. Las comidas poco abundantes suelen tener una menor respuesta de glucosa en sangre, requieren menos insulina y mejoran el control de glucosa en sangre de algunas personas con diabetes tipo 2.

Tiene sentido que a comidas más abundantes, mayor sea el número de calorías ingeridas provenientes de hidratos de carbono, grasas y proteínas, y que se incremente el nivel en sangre de esos nutrientes tras la «comilona». Estas comidas, además, te dejan abatido, y tras una comilona siempre ronda una siesta. Pero si se realizan comidas pequeñas, uno se siente más enérgico durante todo el día (las comidas pequeñas y pobres en grasas no permanecen demasiado tiempo en el estómago, sino que se desplazan con rapidez a través de los intestinos). Cuando uno se siente ligero, es más fácil que se sienta también físicamente activo. Y cuanto más activo esté uno, más calorías quemará a lo largo del día.

Otras ventajas de las comidas pequeñas

Si no necesitas comer de esta manera para mejorar tu diabetes, hazlo por estas otras razones:

- El cerebro y el cuerpo requieren un constante suministro de energía en la sangre. Tomar comidas pequeñas y frecuentes significa mantener estable el nivel de azúcar en sangre (y la energía), y evitar niveles bajos de azúcar que pueden desencadenar cefaleas, irritabilidad, ansias de comer o sobrealimentarse.
- Tomar comidas pequeñas y frecuentes es magnífico para controlar el apetito. Un nivel estable de azúcar en sangre gracias a pequeños refrigerios evita sentirse demasiado hambriento, lo cual lleva a comer en exceso o a optar por comer alimentos muy azucarados o ricos en grasas.
- En un estudio se observó que la obesidad es menos frecuente en personas que comen con más frecuencia. Las personas que comen menos y con más frecuencia tienen menos probabilidades de comer en exceso. Las comidas abundantes llenan el flujo sanguíneo de grasas, proteínas y calorías de hidratos de carbono, y el organismo después tiene que deshacerse de todas las calorías extra. ¿Y qué tiene que ver esto con tener sobrepeso? Pues que todas las calorías extra se convierten en grasa corporal para almacenar energía.
- Si bien aún está en estudio, es posible que esta manera de comer contribuya a reducir el colesterol total en sangre. Se basa en la razón de que si se evita las grandes comidas, se evitan las subidas rápidas de triglicé-

ridos en sangre que suelen seguir a las comilonas, en especial a las comidas grasas.

- Comiendo más a menudo se queman más calorías, y se digieren, absorben y metabolizan mejor los alimentos. El organismo quema calorías cuando digiere y absorbe los alimentos que tomamos. Y cada vez que comemos, se inicia un nuevo proceso digestivo. Si tomamos seis pequeñas comidas en vez de dos grandes, iniciamos el proceso digestivo cada día tres veces más, y quemamos más calorías. Este proceso metabólico repetido más veces puede quemar alrededor de un 5 a un 10 % del total de calorías ingeridas en un día.
- Físicamente es más cómodo tomar refrigerios más pequeños, ya que uno no se siente sobrecargado.

¿Qué frecuencia deben tener esas «pequeñas» comidas?

Los especialistas no han determinado todavía un plan ideal de comidas para los diabéticos, pero por el momento parece ser que cuanto más frecuentes sean las comidas, mejores serán los resultados. Cuanta mayor distancia haya entre un aperitivo y una comida, por ejemplo, mayor acabará siendo la comida.

Si tomamos un pequeño desayuno, después un tentempié a media mañana, una comida ligera al mediodía, una merienda y una cena ligera tendremos un total de cinco comidas al día. El mejor consejo que puedo dar hasta que los investigadores aporten más datos es espaciar las comidas siguiendo el propio horario, según el hambre y el promedio de azúcar en sangre.

Combatir el impulso de comer por la noche

Durante el día quemamos un 70% de las calorías como energía, pero, ¿a qué hora tomamos la mayoría de esas calorías? Por la tarde noche. Si vamos haciendo a lo largo del día pequeñas comidas, comemos cuando tenemos hambre y dejamos de comer cuando nos sentimos «a gusto», es más fácil evitar las grandes comidas y los postres y aperitivos de la tarde y la noche. Hay que tener en cuenta que lo que tomamos por la noche llega al flujo sanguíneo aproximadamente cuando nos ponemos el pijama. Y a esa hora no necesitamos comer para participar en una maratón ni nada por el estilo.

Es más fácil decirlo que hacerlo

Nuestra sociedad se ha centrado en realizar tres comidas al día, y es un hábito difícil de romper, y lo más complicado es no hacer una comida más abundante que las otras. Los restaurantes suelen servir grandes refrigerios, por lo que requiere una fuerza de voluntad extraordinaria comerse sólo la mitad y dejar el resto para más tarde. Si vamos a comer espaguetis, por ejemplo, podemos tomar primero la ensalada, después medio plato de pasta y un poco de pan de queso y dejar el resto de los espaguetis para el día siguiente. No digo que esto sea fácil de hacer, pero es factible.

Una advertencia

Hay que reconocer que para algunas personas comer cuatro o cinco veces al día no es lo mejor, ya que tal vez tengan problemas para dejar de comer una vez que han empezado. Si es tu caso, te invito a que visites la página web del Centro de Alimentación Consciente: www.tcme.org. En ella se encuentran muchas maneras de aprender a ser más conscientes cada vez que uno se sienta a disfrutar de una comida.

Paso n.º 9: controlar el azúcar en sangre

Mantener el nivel de glucosa en sangre lo más estable y normalizado posible evita al organismo mayores complicaciones diabéticas. Medir el nivel de azúcar en sangre de una manera metódica y regular es un paso muy necesario para llevar un control riguroso del mismo, a la vez que esas mediciones advierten al paciente de si está consiguiendo los objetivos de sus tratamientos (dieta, ejercicio físico o medicación) y si funcionan.

Se supone que estás trabajando junto a un dietista o un especialista que te ayuda a personalizar un plan dietético. Si sigues el control de lo que comes, el nivel de azúcar, la medicación y el ejercicio diario, el especialista podrá comprobar cómo afecta todo ello, día a día, en los niveles de azúcar en sangre. De este modo podrás colaborar con tu especialista y, juntos, adecuar el tratamiento de la diabetes, ajustando la medicación, la cantidad de hidratos de carbono y el tiempo de actividad física. Aproximadamente, al cabo de una hora y media después de haber comido, podrás saber si el nivel de azúcar en sangre está dentro de los límites normales, por encima o por debajo. Ésa es tu mejor herramienta, úsala. Cada uno de nosotros reacciona de manera un poco diferente a cada alimento, a cada combinación de alimentos y a la cantidad de los mismos. La única manera que tienes de saber cuál es tu reacción personal frente a una determinada comida es comprobando tu azúcar en sangre una hora y media después de comer. Una vez empieces a comprobar y anotar tus niveles de azúcar, puedes, gracias a todas las anotaciones, encontrar las claves de por qué esas cifras. Busca claves en tres ámbitos:

1. Alimentos y dieta (¿qué alimentos y qué cantidad?).
2. Cambios de ejercicio físico o programa de actividades (¿hiciste ejercicio a la hora habitual y durante el tiempo que sueles hacerlo?).
3. Medicación (¿has tomado la cantidad de medicación adecuada en el momento correcto?).

Paso n.º 10: hacer una actividad física divertida, y hacerla cada día

Cuando haces ejercicio físico de manera regular, te sientes sencillamente mucho mejor. Quemas calorías y aumentas la masa muscular, lo que incrementa el índice metabólico. Y eso es sólo el principio. Hacer ejercicio hará que disminuya el nivel de azúcar en sangre y, tal vez, la dosis de insulina que debes tomar. Si los niveles de colesterol bajan y también la pérdida de masa ósea, mejorará la circulación, la función cardíaca y la capacidad de enfrentarse al estrés.

Obviamente el ejercicio físico aporta enormes ventajas físicas.

¡Haz del ejercicio una prioridad y un hábito, por favor!

Cuatro razones por las que mucha gente no hace ejercicio

1. **¡No es divertido!** Si no es ejercicio *per se*, no es divertido. El tipo de ejercicio que haces no te parece divertido. Piensa en todas las actividades posibles y anota las que consideres más divertidas. Piensa también en los tipos de ejercicio que no te gustan e intenta averiguar por qué. Esto te dará pistas acerca de lo que necesitas para que un ejercicio sea divertido. Si no te gustan los ejercicios que hay que practicar solo, entonces es que prefieres los que se hacen en grupo o en equipo. Si crees que hacer ejercicio en casa no es divertido, entonces debes pensar en cosas como aquaeróbic, caminar con un amigo, aprender a bailar o cosas de este tipo que puedas hacer cerca de casa.

2. **¡No tengo tiempo!** Tenemos tiempo para las cosas que realmente *queremos* hacer, y también para las que *tenemos* que hacer. Si hacer ejercicio nos hace sentir mejor (y lo encontramos divertido), entonces pasa a ser algo que realmente *queremos* hacer. Si el ejercicio nos ayuda a controlar el nivel de azúcar en sangre y el peso (¡y es así!), entonces se trata de algo que *tenemos* que hacer para nuestra salud.

   Debes tener en cuenta que incluso diez minutos de ejercicio físico aquí y allá, a lo largo del día, puede ayudarte a controlar la diabetes. Salir a caminar después de comer o tomar un refrigerio (o en el momento del día en que se suela tener más alto el nivel de azúcar) es especialmente útil para los diabéticos. La actividad física contribuye a que el organismo mueva y use el azúcar del flujo sanguíneo. Esto no tiene nada que ver con ponerse a correr o a nadar justo después de comer, sino que puede ser suficiente con un paseo de diez minutos en los alrededores de tu puesto de trabajo, subir escaleras o pasear al perro después de cenar.

3. **¡Es aburrido!** Quizás seas una persona que necesita ir cambiando el plan de ejercicios; puede que quieras empezar a aprender a bailar (o a hacer aquaeróbic, natación, golf, baloncesto o tenis) dos o tres veces por semana, y rellenar los demás días con paseos, entrenamiento con pesas, ciclismo, etcétera. Busca unas clases de un deporte que realmente te interese.

   Para la mayoría de nosotros lo más conveniente es hacer ejercicio en casa con una máquina. Si le dedicas treinta minutos, serán justo esos treinta minutos los que saques de tu tiempo libre diario. Yo uso la bicicleta estática mientras veo en la televisión mi programa favorito. La televisión me distrae mientras mi cuerpo se ejercita. Puede que tú prefieras escuchar tu música predilecta o un audiolibro.

4. **¡Llueve, diluvia!** Realizar diferentes tipos de ejercicio no sólo añade variedad, sino que además minimiza el aburrimiento y aporta un «plan B» al mal tiempo. Si tienes máquinas en casa para hacer ejercicio, úsalas cuando haga frío o llueva. Si has pagado unas clases o te has apuntado a un equipo deportivo, como por lo general se hacen en sitios cerrados, al menos tendrás unos

días de ejercicio a la semana garantizados. Si te gusta caminar y tienes un compañero que depende de ti, puedes decidir caminar bajo la lluvia o no. Si no llueve demasiado, mi compañero y yo nos ponemos un buen calzado y unas chaquetas y salimos igualmente, ya que ¡lo encuentro muy energizante!, y la ducha caliente después del ejercicio es verdaderamente terapéutica.

Capítulo 5

Recetas de las que no puedes prescindir

Este capítulo está pensado para proporcionarte una sencilla muestra de las posibles recetas con las que puedes adentrarte en la cocina saludable. Algunas de las recetas son caseras, mientras que otras están elaboradas por un gran número de productos prácticos y asequibles. Espero que encuentres muchos que te vayan bien a ti y a tu familia. Yo tengo tres libros de cocina que también pueden resultarte útiles: *Food Synergy, Comfort Food Makeovers* y *Fry Light, Fry Right*.

Casi todos cocinamos las mismas comidas una y otra vez, así que he querido aportar algunas pautas culinarias para dar un poco de vida a las recetas favoritas.

Sustituciones acertadas

La comida sana no aportará nada bueno a nadie si nadie se la toma. Ése ha sido mi lema durante los 15 años que llevo modificando recetas para que resulten más ligeras. Dicho de otro modo, aunque sea ligero, tiene que saber muy bien.

Aligerar recetas se reduce básicamente a tres cosas: reducir la grasa extra y los ingredientes que contengan grasas y sustituirlos siempre que se pueda por opciones grasas más acertadas; limitar el azúcar extra y los ingredientes que contengan azúcar y cambiarlos por cereales integrales, y añadir siempre que sea posible alimentos ricos en fibra.

Las claves del éxito para aligerar las comidas de manera satisfactoria son:

- Buscar los límites ideales de grasa y azúcar de la receta. ¿Cuántas calorías, grasas y azúcar reducir sin comprometer el sabor y la textura de la receta? Para más detalles sobre este tema, *véase* la tabla que se mostrará más adelante.
- Utilizar la grasa que mejor sustituya a la de la receta. *Véase* la tabla citada.
- Repasar, antes de cambiar nada de la receta, las funciones de cada grasa y cada ingrediente dulce en la misma. A veces la grasa o el azúcar realizan una función irreemplazable y es posible que haya que emplearlas, pero siempre se puede reducir la mitad de la grasa y una cuarta parte del azúcar.
- Emplear ingredientes bajos en grasa y en azúcar siempre que sea posible; así, por ejemplo, se puede usar queso cheddar bajo en grasa en vez del queso estándar, nata líquida o crema de leche descremada en vez de la completa, o bien usar mitad y mitad. También es posible reducir las calorías de las *crêpes* usando sirope light y fruta sin azúcar en vez de los productos estándar.

- Cambiar siempre que sea posible el tipo de cocción, de manera que no haya que utilizar grasas (en vez de freír, se puede hervir, asar, escalfar o cocer al vapor). Pero si es necesario mantener la característica del alimento cocinado, entonces se puede reducir la cantidad de grasa para saltear o freír.

Los límites de las grasas y las sustituciones

Basándome en dos décadas de experimentos con los mejores métodos para aligerar recetas, he descubierto que hay unos límites ideales de reducción de grasas para seguir manteniendo el sabor de los alimentos cocinados. Si se reduce la grasa de una receta determinada, es necesario utilizar una «grasa sustitutiva» (ingrediente extra que se añade para reemplazar la grasa que se elimina).

Así, por ejemplo, si preparamos *brownies* (bizcocho de chocolate y nueces) y reducimos la cantidad de mantequilla de 8 a 3 cucharadas, hay que añadir 5 cucharadas de crema de leche desnatada a la mantequilla para equilibrar la receta. También se puede usar harina integral (la mitad de la cantidad total) para aumentar la fibra y reducir el azúcar en un tercio o un cuarto.

Al hacer un pastel puede obviarse la media taza de aceite que por lo general requiere la receta y agregar en su lugar media taza de compota de manzana, o bien cualquier otra grasa sustitutiva.

Receta	Límite de grasa	Grasa sustitutiva
Galletas/bollos	4 cucharadas de grasa por cada 2 tazas de harina	Crema de queso desnatada/ nata líquida light/yogur
Preparado para pasteles	No hay que añadir grasa, pues la mayoría ya la lleva incorporada	En vez de añadir el aceite que indica el preparado, agregar compota de manzana, yogur de sabores o nata líquida light
Brownies	2,5 cucharadas de aceite o mantequilla para 110 g de chocolate sin azúcar y 14 cuchararadas de harina	La nata líquida desnatada funciona bien, junto al café fuerte o expreso
Pasteles caseros y pasteles de café	De ¼ a $^1/_3$ de taza de ingrediente graso	Licor para algunos pasteles y crema light para los de chocolate; para los pasteles de manzana, de zanahoria o especiados van bien las compotas de fruta y los zumos
Salsa o crema de queso	No se necesita mantequilla, de modo que puede omitirse aunque lo sugiera la receta. El queso es el principal ingrediente graso; usar uno bajo en grasa.	Espesar la crema mezclando un poco de harina y leche, después mezclar con el resto de la leche de la receta

Receta	Límite de grasa	Grasa sustitutiva
Galletas	Por lo general sólo se puede reducir la mitad de la grasa. Si la receta original dice que hay que añadir 1 taza de mantequilla, reducirla a la mitad	Utilizar crema de queso light; en las galletas de fruta pueden funcionar bien las compotas
Marinadas y adobos	1 taza de aceite por cada taza de adobo (o ninguna)	Los zumos de fruta o la cerveza atenúan la intensidad de los ingredientes ácidos del adobo, como el vinagre o el zumo de tomate
Bollos dulces y pan de nueces	2 cucharadas de aceite para la receta de bollos	Crema agria desnatada, yogures desnatados de sabores, zumo y compotas de frutas
Aderezos y vinagretas	De 1 a 2 cucharadas de aceite por cada ½ taza de aderezo	Vino o champán, zumo de frutas, compotas (de frambuesa y de pera van muy bien)
Preparado para pasteles	1 cucharadita de mantequilla por cada ración	Añadir un poco más de leche. Para la mezcla me gusta utilizar leche entera o mitad desnatada y mitad entera

He aquí unas cuantas indicaciones más para sustituir la materia grasa o consejos para reducirla a la hora de cocinar diferentes platos:

- En la mayoría de los platos con huevos, se puede reducir el número de huevos a la mitad y sustituir la cantidad reducida por sustitutivo de huevo (huevina líquida: 2 cucharadas soperas por cada huevo).
- En muchas recetas para freír o saltear se indica mucho más aceite o mantequilla de lo que realmente se necesita. Por lo general, basta con una cucharada de aceite de oliva.
- Si puedes sustituir la grasa que indica la receta por aceite de oliva o de girasol, hazlo, pues estos aceites contienen grasas de mejor calidad (las grasas monoinsaturadas contienen, además, aceites omega 3) que las grasas saturadas de las mantecas y mantequillas.

A continuación, muestro algunas recetas con las que empezar.

Tres recetas con semillas de lino trituradas

Pan de trigo con miel y semillas de lino

Debo haber probado con una docena o más de diferentes recetas de pan para hacer con máquina de amasar, y ninguna me parecía suficientemente espectacular para este libro hasta que encontré ésta (para una máquina de hacer pan de 1 kilo).

Para unas 12 rebanadas

- 270 ml de agua
- 320 g de harina blanca para hacer pan
- 60 g de harina integral de trigo
- 1 ½ cucharada sopera de leche en polvo
- 1 ½ cucharada sopera de miel
- 1 ½ cucharadita de sal
- 2 cucharadas soperas de aceite de girasol
- 30 g de semillas de lino trituradas
- 3 cucharaditas de levadura seca activa (o 2 cucharaditas de levadura instantánea)

1. Mide los ingredientes y ve añadiendo uno a uno en la máquina de hacer pan en el orden que indica el manual de la máquina (generalmente se agrega en primer lugar los ingredientes líquidos y después los sólidos. Practica un hueco en la harina y pon en él la levadura).

2. Programa el tiempo preciso para «pan de trigo» y después pulsa «inicio». Esta receta se puede elaborar también con los ciclos rápido y lento.

3. Antes de retirar el pan, deja que se enfríe un poco. Con un cuchillo de sierra, córtalo en unas 12 rebanadas. Este pan se puede degustar untado de margarina de aceite de oliva o mantequilla de cacahuete baja en grasa, con tu mermelada favorita o para hacerte un sándwich.

Cada ración contiene: 150 calorías, 5 g de proteínas, 25 g de hidratos de carbono, 3,8 g de grasas, 1 mg de colesterol, 2 g de fibra, 280 mg de sal. Calorías procedentes de grasas: 19%. Ácidos grasos omega 3 por rebanada: 0,5 g (1 g por sándwich).

Magdalenas de mermelada con semillas de lino

Para 9 magdalenas de tamaño medio

- Aceite en espray para cocinar
- 30 ml de crema agria desnatada o semidesnatada
- 5 ml de aceite de girasol
- 115 ml de leche
- 1 huevo o 40 ml de huevina líquida
- 2 cucharadas soperas de sirope de maíz light
- 1 cucharadita de extracto de vainilla
- 65 g de harina sin blanquear
- 80 g de harina integral de trigo
- 60 g de semillas de lino molidas
- 100 g de azúcar granulado
- 2 cucharaditas de levadura en polvo
- ½ cucharadita de sal
- 4 cucharadas de mermelada baja en azúcar al gusto

1. Precalienta el horno a 190 ºC. Engrasa 9 moldes con aceite.
2. Vierte la crema agria en el vaso mezclador y caliéntala un poco en el microondas para poder batirla mejor. Añade el aceite y la leche, cucharada a cucharada, y después el huevo o la huevina, el sirope de maíz y el extracto de vainilla.
3. Mezcla los ingredientes secos (harina, semillas, azúcar, levadura y sal), y agrega todo a la preparación líquida.
4. Rellena cada molde, pero no hasta el borde. En el centro de la masa de cada molde, vierte una cucharada y media de mermelada. Hornea de 18 a 20 minutos o hasta que la masa esté dorada.

Cada ración contiene: (utilizando mermelada baja en azúcar) 197 calorías, 4,5 g de proteínas, 35,5 g de hidratos de carbono; 5 g de grasa; 5 g de grasas saturadas; 1 mg de colesterol, 3 g de fibra; 260 mg de sal; calorías procedentes de grasas: 23 %; ácidos grasos omega 3: 1,5 g.

Triángulos de azúcar de arce y semillas de lino

Si has probado alguna vez el sabor del azúcar de arce, estos bollitos te resultarán adictivos. He adecuado la receta para un robot de cocina, de modo que hacer estos bollos te resultará muy fácil. Como los bollitos están repletos de semillas de lino, con uno tendrás la ración diaria de semillas que necesitas. Se pueden congelar muy bien en bolsas de plástico de las que se vuelven a cerrar herméticamente, ¡incluso se pueden comer directamente del congelador!

Para 8 triángulos o cuñas:
- 200 g de harina
- 20 g de avena
- 50 g de semillas de lino molidas
- 2 cucharadas de azúcar
- ½ cucharadita de sal
- 1 cucharada de levadura en polvo
- 2 cucharadas de sirope de arce
- 2 cucharadas de aceite de girasol
- 1 huevo
- 1 taza (250 ml) de leche entera (la leche desnatada también va bien)

143

- ½ cucharadita de extracto de azúcar de arce (3/4 de cucharadita si quieres que tenga más sabor)
- ½ taza de nueces pacanas troceadas
- aceite en espray

Glaseado de azúcar de arce

- 150 g de azúcar en polvo
- ½ cucharadita de extracto de azúcar de arce
- 5 cucharaditas de agua

1. Precalienta el horno a 200 °C. Engrasa la placa del horno con el aceite en espray.
2. Vierte en el robot de cocina la avena, la harina, el azúcar, la sal y la levadura en polvo. Tritura todo muy bien.
3. Añade el sirope de arce y el aceite de girasol a la mezcla anterior y vuelve a batir todo.
4. En un cuenco pequeño, bate el huevo ligeramente junto a la leche y ½ cucharadita del extracto de arce. Mezcla con la preparación del robot y bate hasta formar una masa.
5. Vierte la masa en una superficie bien enharinada. Esparce las nueces sobre la masa y amasa ligeramente hasta distribuir bien las nueces. Coloca la masa en un molde de 20 cm y córtala en 8 triángulos, que dispondrás en círculo sobre una bandeja engrasada. Hornea en el centro del horno durante unos 13 o 15 minutos (hasta que la parte superior esté ligeramente tostada).
6. Mientras se hornean las cuñas, pon los ingredientes del glaseado en un cuenco pequeño y mezcla bien hasta obtener una pasta blanda. Saca las cuñas del horno y déja-

las enfriar en una rejilla durante 3 o 4 minutos. Extiende generosamente el glaseado sobre cada pasta. Cuando se haya secado (al cabo de unos 15 minutos), las cuñas ya estarán listas. Se conservan bien de un día para otro en una bolsa de plástico hermética.

Cada ración contiene: 330 calorías, 6 g de proteínas, 51 g de hidratos de carbono, 12 g de grasa, 4 g de fibra, 38 mg de colesterol, 370 mg de sal. Calorías de grasas: 33 %. Ácidos grasos omega 3: 1,3 g.

Nota: el contenido en grasa procede principalmente de las nueces pacanas y del aceite, por tanto, se trata de grasas monoinsaturadas.

Las mejores recetas de legumbres

Arroz frito con legumbres

Para 4 raciones
- 3 cucharadas de aceite de oliva
- 2 cebolletas finamente picadas
- 200 g de guisantes congelados
- 100 g de soja tierna (si usas soja en vainas congeladas, sigue las instrucciones del paquete para cocinarlas y, una vez cocidas, quita las vainas antes de pesarlas).
- 150 g de dados de jamón (opcional)
- 600 g de arroz integral cocinado al vapor
- 1 huevo batido con 4 cucharadas soperas de huevina líquida

- ½ cucharadita de sal
- 1 o 2 cucharadas de salsa de soja light o normal

1. Calienta un poco de aceite en un wok o sartén antiadherente a temperatura alta. Añade las cebolletas y rehógalas durante un minuto.
2. Agrega los guisantes, la soja, el jamón y el arroz cocido y saltea un minuto.
3. Retira el contenido del wok o de la sartén hacia los lados, dejando un hueco en el centro, y vierte en él los huevos batidos.
4. Deja cocer unos 20 segundos, y después remueve los huevos unos 20 segundos más.
5. Remueve bien todo un par de minutos, e incorpora la sal y la salsa de soja. Pon más salsa en la mesa, por si se desea verter un poco más.

Cada ración contiene: (con 2 cucharadas de salsa de soja light) 412 calorías; 14,5 g de proteína; 64 g de hidratos de carbono; 10 g de grasa; 1,5 g de grasas saturadas; 53 mg de colesterol; 9 g de fibra, 590 mg de sodio. Calorías procedentes de grasas: 28 %.

Burrito 3 minutos

Para preparar un burrito
- ½ taza de judías pintas cocidas en conserva, escurridas y secas.
- 1 cucharada sopera de cilantro fresco picado (opcional)

- 2 cucharadas soperas de crema de leche light o desnatada.
- 1 cebolleta picada
- 50 ml de salsa picante, media o suave, según las preferencias
- 1 tortilla o burrito de harina
- 50 g de queso rallado cheddar u otro, bajo en grasa.

1. En un cuenco pequeño, mezcla las judías, el cilantro, la crema de leche, la cebolleta y la salsa.
2. Calienta la tortilla en el microondas durante un minuto o hasta que esté blanda.
3. Esparce el queso por encima de la tortilla.
4. Vierte el contenido del cuenco sobre la tortilla y dobla los extremos de la misma.
5. Calienta un minuto más en el microondas.

Cada ración contiene: 430 calorías; 23,5 g de proteínas; 53,5 g de hidratos de carbono; 14,5 g de grasa; 7 g de grasas saturadas: 26 mg de colesterol; 6 g de fibra; 480 mg de sodio. Calorías procedentes de grasas: 30 %.

Ideas para desayunos

Tortilla Denver light

Sé que parece que va a llevar mucho tiempo prepararla, ya que hay que batir los huevos, pero una vez que sabes lo que haces lo tienes listo en 10 minutos. Si no se quiere montar las claras de los huevos, basta con batirlas con el resto de la mezcla de huevos (no resulta tan esponjoso, pero el sabor sigue siendo buenísimo).

Para 2 raciones:
- Aceite de girasol en espray (o sin espray, ya que es para engrasar la sartén).
- 1 taza de champiñones frescos laminados (u otra verdura)
- 1 pimiento verde mediano, picado
- 4 cebolletas cortadas en diagonal
- ¼ de cucharadita de albahaca seca
- ½ taza de caldo de pollo o de agua (125 ml)
- 100 g de jamón magro, cortado en tiras largas de unos 5 cm
- ½ taza de tomates cherry cortados por la mitad
- ½ taza de huevina líquida (125 ml)
- 2 huevos, con las yemas separadas de las claras

1. Engrasa una sartén de tamaño medio con aceite en espray y caliéntala a fuego medio. Agrega los champiñones, el pimiento, las cebolletas y la albahaca. Saltea durante 30 segundos, vierte el caldo de pollo y deja cocer removiendo frecuentemente, hasta que las verduras estén tiernas. Añade el jamón y los tomates cherry y cuece un poco más, hasta que todo esté bien caliente.
2. Mezcla la huevina con las yemas de huevo en un cuenco mediano y reserva. Bate con la batidora las claras a punto de nieve y después mézclalas suavemente con la preparación del cuenco.
3. Engrasa una sartén pequeña antiadherente con el aceite en espray (o con un poco de margarina o media cucha-

radita de aceite) y calienta a fuego medio. Vierte la mitad de los huevos en la sartén y espera a que la parte de
abajo tenga consistencia (unos dos minutos). Si la sartén
que utilizas se calienta más de lo normal, cocina a fuego
lento. Da la vuelta a la tortilla y cuécela por el otro lado
(un minuto más, aproximadamente).

4. Rellénala con la mitad de las verduras preparadas y dó-
blala si lo deseas. Sirve. Repite la operación con el huevo
y las verduras restantes y haz una segunda y esponjosa
tortilla.

Contenido por ración: 190 calorías, 9 g de hidratos de carbono, 22 g de proteínas, 7 g de grasa, 2 g de grasas saturadas, 229 mg de colesterol, 2 g de fibra, 690 mg de sodio.
Calorías procedentes de grasas: 35 %.

Sándwich light de huevo con pan inglés

Para 2 sándwiches:

- 2 panecillos ingleses integrales tostados
- 1 huevo
- ¼ de taza de huevina líquida
- 2 lonchas de beicon (o dos lonchas de jamón magro
  un poco gruesas)
- 1 lata de atún (o similar) de unos 180 g, vacía, sin
  etiquetas, y bien lavada.
- Pimienta recién molida
- 2 lonchas de queso bajo en grasa
- Aceite en espray para cocinar

1   Engrasa una sartén antiadherente, de unos 20 cm de diámetro, con el aceite en espray y caliéntala a fuego medio.

2. En un cuenco pequeño, bate el huevo entero y la huevina y reserva.

3. Coloca las tiras de beicon en la mitad de la sartén engrasada y pon la lata de atún en la otra mitad para que empiece a calentarse. Cuando el beicon esté dorado por un lado, dale la vuelta y dóralo por el otro. Retira de la sartén y reserva.

4. Vierte la mitad de la mezcla de huevo y huevina en la lata de atún y sazona con pimienta al gusto. Cuando la superficie de los huevos empiece cuajar, separa los bordes de la lata con la ayuda de un cuchillo de mantequilla. Da la vuelta con un tenedor y dora por el otro lado.

5. Retira el huevo cuajado de la lata.

6. Engrasa la lata con aceite y repite la operación con el huevo restante.

7. Para montar el plato, coloca encima de uno de los panecillos ingleses una loncha de queso, después una de las tortillitas hechas con huevo, una loncha de beicon y el otro panecillo inglés. Para calentar de nuevo, utiliza el microondas, dejando cada sándwich unos 20 minutos a potencia máxima.

Contenido por ración: 287 calorías; 21,5 g de proteínas; 30,5 g de hidratos de carbono; 9 g de grasa; 3,8 g de grasas saturadas; 130 mg de colesterol; 5 g de fibra; 1.100 mg de sodio. Calorías procedentes de grasas: 28 %.

Bagel (bollo con forma de rosquilla) con pesto de tomate secado al sol

Para unos tres bollos:
- ½ taza de crema de queso o queso en crema light
- 1 diente de ajo, triturado o prensado
- 1 cucharada de hojas de albahaca fresca picadas
- 1 cucharada de tomates deshidratados cortados en una fina juliana, previamente escaldados en agua caliente hasta que estén tiernos
- 2 cucharadas de piñones, nueces pacanas o nueces

Pon todo en un vaso mezclador y tritúralo bien. Extiende la pasta resultante sobre los bollos.

Bagel «Monstruo del lago Lox» (Lox: salmón ahumado)

Para ½ taza de crema (suficiente para unos cuatro *bagels*):
- ½ taza de crema de queso light
- 2 lonchas de salmón ahumado cortado muy fino
- 1 cebolleta finamente picada
- 1 pizca de pepinillo fresco o seco al eneldo (opcional)
- Unas cuantas alcaparras (opcional)

Mezcla bien todos los ingredientes y tritúralos un poco, para que se pueda ver aún el salmón. Extiende la preparación sobre los bollos.

Contenido por ración: (con los bollos de harina de trigo integral) 270 calorías; 13 g de proteínas; 38,5 g de hidratos de carbono; 7 g de grasa; 3,5 g de grasas saturadas; 18 mg de colesterol; 4 g de fibra; 560 mg de sodio. Calorías procedentes de grasa: 23 %.

Crema de avena (porridge) para amantes de la manzana

Para 1 ración:
- 1 paquete de crema de avena instantánea normal (si se opta por alguna de sabores, como la de sirope de arce y azúcar moreno, no hay que añadir azúcar)
- 1 ración individual (110 g) de compota de manzana sin azucarar
- 1 cucharada sopera de azúcar moreno
- ¼ de cucharadita de canela molida
- ½ taza de leche semidesnatada (o similar; se puede usar leche de soja o de almendras)

En un cuenco apto para microondas, mezcla todos los ingredientes. Introduce en el microondas a temperatura máxima de 1 a 1 ½ minutos. Remueve y vuelve a calentar en el microondas durante el mismo tiempo. Sirve bien caliente.

Contenido por ración: 180 calorías; 5,5 g de proteínas; 35 g de hidratos de carbono; 2 g de grasa; 8 g de grasas saturadas; 5 mg de colesterol; 2,5 g de fibra; 140 mg de sodio. Calorías procedentes de grasas: 10 %.

Nota: para tomar un desayuno equilibrado, disfruta de esta crema de avena con una o dos lonchas de pechuga de pavo.

Platillos para chuparse los dedos

Ensalada monoinsaturada

Esta ensalada no sólo es rica en grasas monoinsaturadas, sino que también contiene mucha fibra

Para 4 raciones:
- ½ aguacate cortado en trozos pequeños
- ½ pepino cortado en rodajas
- 1 taza de tomates cherry cortados por la mitad u otro tipo de tomate en trozos
- 1 taza de alubias (o ½ taza y otra ½ de garbanzos), cocidas, enjuagadas y escurridas
- 6 cucharadas de vinagreta con aceite de oliva o bien cualquier otro aliño que contenga aceite de oliva
- 4-6 tazas de lechuga troceada, del tipo que se quiera

1. Pon en una fuente el aguacate, el pepino, los tomates y las judías. Aliña bien y refrigera hasta el momento de servir.
2. Justo antes de degustarla, añade la lechuga.

Contenido por ración: 155 calorías; 6 g de proteínas; 19 g de hidratos de carbono: 7 g de grasa; 0,7 g de grasas saturadas; 0 mg de colesterol; 7 g de fibra; 460 mg de sodio. Calorías procedentes de grasas: 43 %.

Ensalada fácil con 3 tipos de alubias

Para 3 raciones:
- 175 g de alubias cocidas, enjuagadas y escurridas
- 175 g de garbanzos cocidos, enjuagados y escurridos
- 175 g de judías verdes o amarillas en lata o congeladas, enjuagadas y escurridas
- ¼ de taza de cebolla blanca finamente picada
- 4 cucharadas de vinagreta (preparada con aceite de oliva)

Mezcla bien todos los ingredientes en un cuenco grande y adereza con la vinagreta. Se puede conservar varios días en el frigorífico.

Contenido por ración: 160 calorías; 7 g de proteínas; 27,5 g de hidratos de carbono; 3 g de grasa; 0 g de grasas saturadas; 0 mg de colesterol; 7 g de fibra; 635 mg de sodio. Calorías procedentes de grasas: 17%.

Tentempiés y tentaciones rápidas

Hummus *con especias con crudités y galletitas*

Ésta es una versión de las salsas realmente espaciadas y picantes que se preparan en los países asiáticos. Quizás cueste un poco encontrar el *tahini*, aunque hoy en día ya está disponible en muchos supermercados y tiendas de alimentación.

Para unas 3 tazas de salsa:

- 1 lata de de garbanzos (2 tazas aprox.) bajos en sal
- 3 dientes de ajo, picados o triturados
- $^1/_3$ de taza de *tahini* (pasta de semillas de sésamo)
- ¼ de taza de zumo de limón
- 3 cucharadas de crema de leche light o desnatada
- 2 cucharadas de crema de queso light
- ¼ de cucharadita de sal (opcional)
- ¼ de cucharadita de comino molido
- ¼ de cucharadita de pimentón
- 2 cucharadas de perejil finamente picado (opcional)
- Crudités: elige verduras crujientes, como pimiento rojo, zanahorias, coliflor, brócoli, judías verdes tiernas, etcétera.
- Galletas saladas: selecciona algunas de las muchas que se encuentran en el mercado bajas en grasas

1. Escurre los garbanzos en conserva y enjuágalos bien (reserva parte del líquido por si deseas una pasta menos espesa).
2. Introduce los garbanzos, el *tahini*, el zumo de limón, la crema de leche y la de queso, la sal, el comino, el pimentón y el perejil en el robot de cocina y tritura hasta que obtengas una pasta suave. Añade al gusto más zumo de limón o líquido de los garbanzos. Consume de inmediato o conserva en frigorífico (podrás emplearlo durante varios días). Sirve con las crudités y las galletas saladas.

Contenido por ración: ($^1/_3$ de taza aproximadamente) 100 calorías, 9 g de hidratos de carbono; 5,5 g de grasa; 1 g de grasa saturada; 1 mg de colesterol, 3 g de fibra; 120 mg de sodio. Calorías procedentes de grasas: 50 %.

Si se acompaña cada ración de una taza de las verduras sugeridas, la cantidad de fibra aumenta 6 g por ración.

Bocaditos de avena con pasas

Prepara una cantidad generosa de estas galletitas y consérvalas en el frigorífico en una bolsa de plástico con cierre hermético. Puedes sacar una siempre que te apetezca y calentarla un poco en el microondas o dejarla a temperatura ambiente.

Para 32 galletitas:
- 6 cucharadas de margarina o mantequilla
- 6 cucharadas de crema de queso light o desnatada
- 1 taza de azúcar moreno (unos 200 g)
- ½ taza de azúcar granulado (250 g)
- ¼ de taza de mantequilla baja en grasa (65 g)
- ¼ de taza de huevina
- 2 cucharadas de sirope de arce
- 2 cucharadas de extracto de vainilla
- 1 taza de harina de trigo integral-120 g (se puede utilizar harina no blanqueada)
- ½ cucharadita de bicarbonato
- 1 ½ cucharadita de canela molida
- ¼ de cucharadita de sal
- 2 tazas de avena instantánea (160 g)

- 1 taza de uvas pasas (150 g)
- ½ taza de nueces picadas (64 g, opcional)

1. Precalienta el horno a 175 ºC. Engrasa dos bandejas de horno con aceite de girasol. En un cuenco grande, bate la mantequilla y la crema de queso, después añade los dos tipos de azúcar, el sustitutivo del huevo, el sirope de arce y la vainilla y bate todo hasta que obtengas una mezcla ligera y esponjosa.
2. Incorpora la harina, el bicarbonato, la canela y la sal, y bate con la preparación de mantequilla y crema.
3. Agrega la avena, las pasas y las nueces, y mezcla todo bien.
4. Con una cuchara de cocina, da a la masa forma de galleta y ve colocándolas en una bandeja, con una separación de unos 5 centímetros. Si se desean planas en vez de redondeadas, presiona ligeramente cada galleta con una cuchara, una espátula o con los dedos.
5. Hornea las bandejas de una en una en la parte superior del horno durante unos 10 minutos, o hasta que estén ligeramente tostadas. Sácalas del horno y déjalas enfriar sobre una rejilla. Consérvalas en un recipiente hermético.

Contenido por ración: 120 calorías, 2 g de proteínas; 22 g de hidratos de carbono; 3 g de grasa; 4 g de grasas saturadas; 5 mg de colesterol; 2 g de fibra; 36 mg de sodio. Calorías grasas: 22 %.

Platos principales rápidos con omega 3

Salmón con mostaza de Dijon y limón

Para 2 raciones:
- 2 filetes de salmón (de unos 170 g cada uno)
- 1 cucharada de mostaza de Dijon
- Sal de ajo (½ cucharadita)
- Pimienta recién molida
- ½ cebolla finamente picada
- ½ limón
- 2 o 3 cucharaditas de alcaparras

1. Precalienta el horno a 200 ºC. Forra una bandeja para pasteles con una hoja grande de papel de aluminio (suficientemente grande para después doblarla y tapar y sellar con ella el pescado) y engrásala generosamente con aceite de girasol. Coloca en la bandeja los filetes de salmón.
2. Cubre el salmón con mostaza de Dijon.
3. Salpimienta al gusto (con la sal de ajo y la pimienta fresca).
4. Coloca encima la cebolla picada.
5. Vierte el zumo de limón sobre el salmón y reparte también por encima las alcaparras.
6. Dobla el papel de aluminio de manera que cubra el pescado y sella los bordes. Hornea durante unos 15 minutos. Después, abre el papel de aluminio y hornea unos 5 minutos más, o hasta que el salmón esté cocido.
7. Sirve con arroz integral o con pasta y un poco de verdura.

Contenido por ración: 231 calorías; 30 g de proteínas; 5 g de hidratos de carbono; 10 g de grasa; 1,5 g de grasas saturadas; 80 mg de colesterol; 1 g de fibra; 678 mg de sodio. Calorías grasas: 39 %.

Contenido por ración con guarnición: (acompañada de ¾ de taza de arroz integral y 1 taza de brócoli) 475 calorías; 38,5 g de proteínas; 56 g de hidratos de carbono; 11 g de grasas; 1,7 g de grasas saturadas; 80 mg de colesterol; 8 g de fibra; 720 mg de sodio. Calorías grasas: 21 %. Ácidos grasos omega 3: 1,5 g.

Ensalada de pasta con salmón

Ésta es una de mis ensaladas favoritas. Cuando preparo salmón a la parrilla, añado una cantidad extra, para, al día siguiente, disfrutar de esta ensalada.

Para 2 raciones de un plato principal:
- 280 g de pasta integral de trigo (lacitos o ruedas) *al dente*
- 450 g de salmón en láminas finas (salmón cocido o asado desmenuzado, sin espinas ni piel)
- 250 g de espárragos tiernos, preparados al vapor o en el microondas
- 3 cebolletas finamente picadas

Aderezo:
- 1 cucharada de mayonesa light
- 2 cucharadas de crema agria light o desnatada

- 1 cucharada de zumo de limón
- 1 ½ cucharadita de mostaza de Dijon o de otro tipo
- ½ cucharadita de eneldo en semillas
- pimienta negra al gusto

1. Pon la pasta, el salmón, los espárragos, y las cebolletas en una fuente.
2. Mezcla los ingredientes del aderezo hasta que obtengas una salsa homogénea. Viértela sobre la pasta y mezcla bien todo.

Contenido por ración: 339 calorías; 18 g de proteínas; 45 g de hidratos de carbono; 9,5 g de grasa; 1,5 g de grasas saturadas; 29 mg de colesterol; 7 g de fibra; 122 mg de sodio. Calorías grasas: 26 %. Ácidos grasos omega 3 por ración: 1 g.

Sándwich fácil de atún con ácidos grasos omega 3

- 180 g de atún en lata sin aceite
- 1 cucharada de pepinillos dulces o en vinagre (opcional)
- ¼ de cucharadita de sal
- 1 cucharada de mayonesa light
- ½ cucharada de cebolla picada
- 50 g de apio picado
- 1 cucharada de crema agria light o desnatada
- Pimienta al gusto
- 2 rebanadas de pan integral (tostado, si se prefiere)
- Algunas hojas de lechuga y tomate troceado

1. Mezcla bien el atún, los pepinillos, la sal, la mayonesa, la crema, la cebolla y el apio. Añade pimienta al gusto.
2. Extender la preparación sobre las rebanadas de pan para hacer el sándwich. Añade lechuga y tomate.

Contenido por ración: 320 calorías; 27 g de proteínas; 34 g de hidratos de carbono; 8,5 g de grasa; 1,4 g de grasas saturadas; 27 mg de colesterol; 4,5 g de fibra; 676 mg de sodio. Calorías grasas: 25 %. Ácidos grasos omega 3: unos 0,5 g del atún y unos 0,5 g de la mayonesa.

Otros platos rápidos

Pan de carne con salvado de avena

Este plato es más bueno de lo que parece. Cada ración contiene 5 g de fibra, en su mayor parte soluble.

Para 5 raciones:
- 400 g de garbanzos cocidos, enjuagados y escurridos
- 60 g de salvado de avena
- ½ cucharadita de pimienta negra
- ½ cucharadita de sal (opcional)
- 2 dientes de ajo, picado o prensado, o ½ cucharadita de ajo en polvo
- 1 cucharada de salsa Worcestershire
- 2 cucharadas de salsa chili Heinz
- 1 cucharada de mostaza
- 450 g de carne picada de ternera (un 9 % de grasa) o carne de ternera extra magra

- 150 g de queso rallado, bajo en grasa, tipo cheddar u otro (opcional)
- 1 cebolla pequeña, finamente picada
- Aceite de girasol o de oliva en espray
- 225 g de salsa de tomate

1. Precalienta el horno a 175 ºC. Engrasa una bandeja de horno de unos 12 x 22 centímetros con el aceite de girasol.
2. Pon los ingredientes en una batidora o en un robot multiusos, incluida la mostaza, para mezclarlos bien. Se puede hacer también a mano, con la ayuda de una espátula.
3. Si utilizas una batidora, añade la ternera, el queso y la cebolla a los garbanzos y mezcla todo bien. Si usas un robot multiusos, pon primero los garbanzos y la ternera y todo lo demás en un cuenco grande y mezcla todo a mano o con una cuchara.
4. Pon la preparación en la bandeja y dale forma de pan.
5. Hornea durante 30 minutos. Vierte por encima la salsa de tomate y hornea 15 minutos más.

Contenido por ración: 286 calorías; 24,5 g de proteínas; 28,5 g de hidratos de carbono; 10 g de grasa; 3,5 g de grasas saturadas; 33 mg de colesterol; 5 g de fibra; 700 mg de sodio. Calorías grasas: 29 %.

Sándwich Light Club

Para 1 sándwich:

- 2 lonchas de pechuga de pavo
- 2 rebanadas de pan de trigo integral
- 1 cucharadita de mayonesa light mezclada con 1 cucharadita de crema agria light o desnatada
- 2 hojas de lechuga
- 1 filete de pechuga de pavo (de unos 60 g)
- Pimienta al gusto
- ½ tomate grande en rodajas

1. Fríe la pechuga en una sartén antiadherente, a fuego lento, hasta que esté crujiente.
2. Extiende en cada rebanada de pan la mezcla de mayonesa y crema. Coloca una hoja de lechuga sobre una de las rebanadas de pan y encima un poco de pechuga de pavo; espolvorea con pimienta y cubre con mayonesa. Añade otra hoja de lechuga, el tomate y la pechuga. Cubre con la otra rebanada de pan con la mayonesa por la parte de dentro.
3. Corta el sándwich en diagonal en cuatro porciones, y, si lo deseas, adornar cada una con un palillo decorado.

Contenido por ración: 350 calorías; 19 g de proteína; 38 g de hidratos de carbono; 12,5 g de grasa; 2,7 g de grasas saturadas; 49 mg de colesterol; 5,5 g de fibra; 1.400 mg de sodio. Calorías grasas: 32%.

Capítulo 6

Ruta por el supermercado

Es fácil sentirse aturdido cuando se está entre trincheras (léase también supermercado) comprando. Cada etiqueta de cada producto nos ataca de frente con innumerables argucias publicitarias y términos nutricionales. Hay que recordar que, en resumen, lo que todas las empresas intentan es vendernos algo, todas quieren conseguir una parte de nuestro presupuesto en alimentación. Puede que el envase alardee de «sin azúcar» o «sin grasas», pero es la etiqueta con la información nutricional la que nos debe decir si el producto que vamos a comprar tiene tantos hidratos de carbono o tantas calorías como uno estándar.

También es la información nutricional de la etiqueta la que indica lo que la empresa considera que debe ser el tamaño de una ración. El tamaño de muchas raciones de pizzas individuales o pequeñas es de $^1/_3$ de la pizza «pequeña». En algunas barras de helado light, si miras la etiqueta, te encuentras con que contienen más de 13 gramos de grasa por ración. La moraleja de esta historia es que hay leer las etiquetas, ya que en ellas se encuentra la información necesaria para contabilizar y calcular, teniendo en cuenta el tamaño de la ración, los gramos de grasa, los hidratos de carbono y las calorías, mientras compramos para poder comparar con otros productos.

La segunda lección es un poco más difícil de aprender. Algunos de nosotros podemos utilizar esos alimentos libres de grasas como excusa para comer más de lo necesario. Si se trata de alimentos que no satisfacen del todo, lo más probable es seguir comiendo y comiendo con la esperanza de alcanzar un nivel de satisfacción. Por otra parte, algunos de los anuncios animan a comer tanto como uno quiera, ya que ¡al fin y al cabo no tiene grasas! De modo que hay que elegir los alimentos light y libres de grasa que a uno le agraden realmente, que su sabor satisfaga, y que se puedan comer en porciones moderadas. De no ser así, significarán bien poca cosa para nuestra salud y satisfacción.

Evitar campos de minas

¿Te has fijado alguna vez en que la información nutricional de la etiqueta de los envases de preparados para hacer pasteles o para hornear aparece reflejada en dos columnas? Por lo general, una columna se refiere a la *mezcla preparada* y la otra al *horneado* (forma de elaborarlo). Suelen, por ejemplo, indicar dos cantidades de gramos de grasa, una para el preparado y otra para la grasa total por ración una vez elaborado y listo para comer. Es una información importante, pues muchos de esos preparados requieren 1 tercio de taza de aceite, tres huevos o una pastilla de mantequilla.

Diversas empresas han empezado proporcionando tan sólo los gramos de grasa del preparado. Si se miran de cerca, para lo cual se me paga, se ve un asterisco diminuto junto a los gramos de grasa. Después, debajo, al final de la etiqueta y en letra pequeña, se lee algo así como: «cantidad del preparado».

Informan del valor del porcentaje diario de grasa «ya preparado», pero, ¿qué significa eso realmente para la mayoría de la gente? Muchos apenas buscan en la etiqueta los gramos de grasa. Parece que lo estoy viendo; la gente piensa: «¡Fantástico, 4 gramos de grasa! Cuando en realidad, si se sigue la información del envase, se descubre que una ración tiene entre 9 y 13 gramos de grasa.

Aquí tenemos un ejemplo:

Una ración del preparado Pillsbury Thick'n Fudgy Cheesecake Swirl Deluxe Brownie contiene 4,5 gramos de grasa. Si se siguen las indicaciones del envase y se añade a la mezcla ¼ taza de aceite y dos huevos, la cantidad de grasa por ración pasa a ser de 9 gramos. Pero en ninguna parte de la etiqueta se ven esos 9 gramos. Si se mira con atención, en la columna de «cantidad del preparado», se podrá ver que el aporte en grasas diario es de un 14%. Para pasar del 9 al 14% de la recomendación diaria que indica la etiqueta, no hay que hacer demasiados números.

Todo está en un nombre

Hemos empezado a confiar en ciertas marcas con sonoros nombres dietéticos que nos aconsejan las mejores opciones para evitar la diabetes y una cintura excesiva. En Estados Unidos, nombres como Weight Watchers, Lean Cousine y Slim Fats, por ejemplo, son música para los oídos. Pero no hay que dejarse llevar por cantos de sirena, ya que algunos de los productos de esas marcas son tan ricos en calorías, grasas e hidratos de carbono como los alimentos totalmente «pecaminosos» que suelen comercializarse.

En muchos casos, lo que nos venden es sólo un poco de control y un bonito nombre (por un atractivo precio). Así que ¡mantén los ojos bien abiertos y lee las etiquetas!

Sin grasas, pero repleto de calorías

Otro dato: el hecho de que un producto no contenga grasas no significa que esté exento de calorías. En realidad, muchos de esos productos sin grasas tienen tantas calorías como las variantes con grasas. ¿Cómo es posible? Una sola palabra lo explica: *azúcar*. El azúcar, proceda de donde proceda, ya sea sirope de maíz, azúcar moreno o sirope rico en fructosa, aporta humedad y ayuda a ablandar los productos de bollería. Si se añade a alimentos como, por ejemplo, los helados, éstos adquieren más sabor y textura. Así pues, no me extraña que los fabricantes hayan recurrido al azúcar para elaborar productos semigrasos y libres de grasa.

La mayoría de los productos libres de grasa o bajos en ella que se encuentran en las estanterías de los supermercados sólo evitan de 10 a 20 calorías por ración. ¿Significa eso que no debemos comprarlos? No, lo que significa es que para sacar el mayor provecho de esos productos bajos en grasa o exentos de ella, es necesario que controlemos el tamaño de las raciones y los gramos de hidratos de carbono que estamos tomando.

Ruta por el supermercado

La próxima vez que vayas al supermercado, busca, pasillo a pasillo, alimentos adecuados y productos que ofrezcan:

- Menos hidratos de carbono, menos azúcar y menos calorías, que te vayan bien cuando intentes hacer una comida o un aperitivo equilibrado.
- Buenas fuentes de fibra soluble (y de fibra en general).
- Alimentos que contengan las grasas adecuadas: ácidos grasos omega 3 y grasas monoinsaturadas.
- Cereales integrales que aporten fibras y otros nutrientes y que puedan tener un efecto positivo en los niveles de azúcar en sangre.

He incluido cierta información acerca de las categorías de alimentos y productos que considero que pueden ser de más ayuda.

Elegir un desayuno de cereales saludable

El pasillo de los cereales es largo y está repleto de contradicciones. Se encuentran cereales elaborados con granos refinados, con apenas fibra, y otros de grano integral y salvado, con 7 gramos o más de fibra. Hay cereales con tanto azúcar que parecen más bien galletitas. Y, afortunadamente, hay cereales en los en su lista de ingredientes no aparece el azúcar.

Elegir un desayuno de cereales saludable consiste, sobre todo, en que sea integral. Si se toman cereales en el desayuno no hay excusa para que al menos una ración sea integral. Y bien vale la pena: las últimas investigaciones indican que quienes toman más cereales integrales tienen un menor riesgo de sufrir diabetes y cardiopatías.

Los cereales refinados no aportan, por lo general, estos beneficios para la salud, como un menor riesgo de morir de una enfermedad cardiovascular, que sí aportan los cereales integrales. Los cereales refinados no reducen el riesgo de ganar peso o de tener un mayor IMC (índice de masa corporal), pero sí los cereales integrales.

¿Sabor o nutrición?

Claro está que mientras que para una persona un cuenco de cereales integrales con poco azúcar es un desayuno perfecto, para otra no es más que un cuenco de serrín. Si eres de los que les gustan los cereales de desayuno con varios colores y sabores artificiales, entonces lo más probable es que elijas entre sabor y nutrición. Pero si sientes predilección por los cereales con el sabor natural integral tostado y puede que con frutos secos, tienes muchos cereales saludables donde elegir.

Y, sí, los frutos secos añaden una mayor nutrición a los cereales. Un cuarto de taza de uvas pasas, por ejemplo, tiene 1,5 gramos de fibra, más el 4 % del aporte diario recomendado de vitamina E y alrededor de un 6 % de cada una de las cantidades diarias aconsejadas de vitaminas B_1 y B_6, hierro, magnesio y selenio. Pero si uno mira los datos nutricionales de la etiqueta de salvado con pasas, por ejemplo, quedará sorprendido al ver que en una ración hay

19 gramos de azúcar. Lo que sucede es que en la lista de ingredientes se contabiliza el total de azúcares, incluidos los contenidos en los frutos secos y las frutas deshidratadas.

Debemos centrarnos en los gramos de hidratos de carbono por ración que contienen los cereales, pues ésa será el aporte de hidratos de esa comida.

La importancia del salvado

El mayor beneficio del salvado aparece en los gramos de fibra por ración, y también en que hace que los cereales sacien tanto a corto plazo como en el transcurso de un par de horas. Esto tiene algo que ver con el menor índice glucémico de los cereales integrales. Un estudio reveló que el índice glucémico de los copos de maíz dobla al del salvado.

En otro reciente estudio realizado en hombres de edades comprendidas entre los 40 y los 75 años se descubrió que añadir salvado a la dieta reduce el riesgo de ganar peso. En un estudio con mujeres de 38 a 63 años, se vio que el aumento de la ingesta de fibra y de cereales integrales significaba un descenso en el aumento de peso. Tomar cereales refinados tiene el efecto contrario: a medida que aumenta la ingesta de alimentos refinados, también lo hace el peso.

¿Cuánto azúcar?

¿Se parece mucho la lista de ingredientes de tus cereales a la de, por ejemplo, una caja de galletas? Treinta gramos de galletas Mini Oreo contienen 11 gramos de azúcar y 130 calorías (el 34% de calorías procedentes del azúcar). Y el azúcar es el segundo ingrediente de la lista (la harina enriquecida es el primero).

Muchos cereales presentan una lista de ingredientes similar, como, por ejemplo, los cereales Cookie Crisp, con un 44% de calorías a base de azúcar.

El gobierno estadounidense, en sus referencias a la dieta, recomienda que los azúcares añadidos no superen el 25% total de calorías (a fin de asegurar la ingesta suficiente de micronutrientes). Y si bien ésta no es una pauta específica a seguir en el caso de los cereales, tiene sentido la propuesta de que los cereales aporten sólo un 25% o menos de calorías procedentes del azúcar (si un cereal contiene frutos secos, esa cantidad puede ser un poco mayor).

Para calcular el porcentaje de calorías procedentes del azúcar en los cereales que consumes:

1. Multiplica los gramos de azúcar en cada ración por cuatro (son 4 las calorías por gramo de azúcar).
2. Divide este número (calorías de azúcar) por el número total de calorías por ración.
3. Multiplica este número por 100 para obtener el porcentaje de calorías del azúcar.

Si bien podemos encontrar muchos cereales con 5 gramos de fibra por ración, algunos superan el 25% de calorías de azúcar que marcan las directrices. Pero si el porcentaje de estas calorías está todavía por debajo del 30%, el primer ingrediente será un cereal integral y si éste tiene un buen sabor, seguirá siendo una buena elección. Aquí tenemos dos ejemplos:

Los Kellogg Frosted Mini-Wheats Strawberry Delight contienen 5 gramos de fibra y 12 gramos de azúcar por ración (alrededor de un 27 % de calorías procedentes del azúcar). Sus tres primeros ingredientes son trigo integral, azúcar y pizquitas con sabor a fresa (bocaditos con azúcar, maíz y sirope entre sus tres primeros ingredientes). Pero tenemos una agradable sorpresa: cuando se añade leche a los cereales, la capa que cubre las pizquitas de fresa desprende un sabor a leche con fresas.

Los Kashi CoLean Crunch tienen 8 gramos de fibra y 13 gramos de azúcar por ración (27 % de calorías procedentes del azúcar). Sus tres primeros ingredientes son Kashi Seven Whole Grains & Sesame Cereal (avena integral, arroz integral de grano largo, centeno, arroz rojo de grano duro, triticale –mezcla de trigo y centeno–, alforfón, semillas de sésamo), proteína de soja texturizada y concentrada y zumo de azúcar de caña evaporado. Ésta es, básicamente, una versión de granola, y 3 de los 8 gramos de fibra que contiene proceden de fibra soluble (gracias a la avena y la cebada).

Ocho sabrosas elecciones

Tras diversas pruebas de sabor y la ayuda de conocidos, he realizado una selección de ocho cereales saludables y con gran sabor. Los cereales de mi lista debían ser integrales y tener 5 gramos de fibra por ración, así como un 25 % de calorías procedentes del azúcar o menos, a no ser que los frutos secos estuvieran entre los tres primeros ingredientes. Además, intenté elegir cereales que se encontrarán fácilmente en los supermercados (estadounidenses).

- **Post Grape-Nuts Trail Mix Crunch:** 5 gramos de fibra y 22% de calorías procedentes del azúcar. Los tres ingredientes primeros son trigo integral, cebada malteada y azúcar, y después uvas pasas y salvado de trigo.
- **Fiber One Bran Cereal:** 14 gramos de fibra, 0% de calorías procedentes del azúcar. Los tres primeros ingredientes son: salvado integral de trigo, salvado de maíz y almidón de maíz. Estos cereales sólo agradan a algunas personas. Recomiendo aumentar su sabor añadiéndoles canela, fruta fresca o deshidratada y frutos secos.
- **Fiber One Honey Clusters:** 13 gramos de fibra, 15% de calorías procedentes del azúcar. Los tres primeros ingredientes son: trigo integral, salvado de maíz y salvado de trigo.
- **Quaker Oatmeal Squares:** 5 gramos de fibra, 19% de calorías procedentes del azúcar. Los tres primeros ingredientes son: harina de avena integral, harina de trigo integral y azúcar moreno.
- **Shredded Wheat:** 6 gramos de fibra, 0% de calorías procedentes del azúcar (en marcas blancas o genéricas). Su único ingrediente es 100% de trigo integral. A mí me gusta añadirle fruta fresca o deshidratada y frutos secos. Si se elige la variedad glaseada, su porcentaje en calorías procedentes del azúcar es de 23% y tienen 6 gr de fibra.
- **Frosted Mini Wheats:** 6 gramos de fibra, 24% de calorías procedentes del azúcar. Los tres primeros ingredientes son: trigo integral, azúcar y sirope de maíz rico en fructosa.
- **Kellogg's Raisin Bran:** 7 gramos de fibra y 40% de calorías procedentes del azúcar. Los tres primeros ingredientes son: trigo integral, uvas pasas y salvado de trigo. El

azúcar es el ingrediente número cuatro de la lista, pero la mayoría de las calorías del azúcar se deben a las uvas pasas.

- **Kashi Heart to Heart Honey Toasted Oat Cereal:** 5 gramos de fibra y 18 % de calorías procedentes del azúcar. Los tres primeros ingredientes son: harina de avena integral, salvado de avena y zumo de caña evaporado. Se trata de una alternativa a los Cheerios rica en fibra. Yo creo que, además, saben mejor, pero quizás se deba a que tienen el jugo de azúcar de caña evaporado.

Platos congelados aptos para diabéticos

Los platos congelados suelen ser útiles en muchas ocasiones: un plato rápido durante la semana o una cena fácil cuando se vive solo o en pareja.

El problema con los platos congelados es que los que son más bajos en grasas son casi siempre demasiado pobres en calorías e hidratos de carbono, y escasos en los estantes de platos vegetarianos. Muchos de ellos cuentan con unas 300 calorías, las de un mísero *bagel* (panecillo). Para enriquecerlos un poco más, yo suelo añadirles verduras, arroz o fideos, o queso rallado. Y si hay personas que lo toman como plato principal, deben tener en cuenta de que carecen de fruta. La mayoría de ellos están repletos de sodio, ya que las empresas tienen en cuenta los gustos de los consumidores y a una gran parte les gusta la sal.

Para completarlos y hacer de ellos un plato principal, se les puede añadir media taza de fideos integrales o de arroz integral y una o dos piezas de fruta. Eso es lo que yo he intentado hacer con cada uno de los platos de la lista que se muestra a continuación. En esta lista incluyo la información nutricional de algunos de los platos congelados que he encontrado en el supermercado en el que suelo comprar. Algunos de estos platos carecen de verduras y harinas; por ello, he hecho dos análisis, uno de los platos sin estos ingredientes y otro con ellos.

Puesto que a algunos diabéticos tipo 2 les va bastante mejor ingerir algo de grasas (preferiblemente grasas monoinsaturadas), he incluido en la lista algunos platos no «light» que me han parecido factibles.

Marca del alimento	Calorías (g)	Hidratos de carbono	Grasas (g%*)	Proteínas	Fibra (g)	Sodio (mg)
Healthy Choice						
Enchilada de pollo	280	43	6 (19%)	14	5	440
Langos-tinos y verduras	270	39	6 (20%)	15	6	80
Pescado al horno a las finas hierbas	340	54	7 (19%)	16	5	480
Pechuga de pavo tradicional	290	40	4,5 (14%)	22	5	460
Suprema de pollo en enchilada	300	46	7 (21%)	13	4	560

Marca del alimento	Calorías (g))	Hidratos de carbono	Grasas (g %*)	Proteínas	Fibra (g)	Sodio (mg)
Lean Cuisine						
Pollo con albahaca	270	35	7 (23%)	16	3	580
Pollo con salsa de cacahuete	290	35	6 (19%)	23	4	590
Pescado al horno con costra de queso	270	36	5 (20%)	19	4	590
Pollo Fiesta con alubias negras	290	40	4,5 (17%)	22	5	460
Lasaña de queso con escalopines de pollo	290	33	8 (25%)	21	3	590
Gambas con fideos de cabello de ángel	290	55	6 (19%)	10	1	590
Chile de 3 alubias	250	38	6 (22%)	10	9	590
Budget Gourmet						
Lasaña de 3 quesos	310	34	12 (35%)	15	2	700

Marca del alimento	Calorías (g)	Hidratos de carbono	Grasas (g%*)	Proteínas	Fibra (g)	Sodio (mg)
Fetuccini y albóndigas con salsa de vino y judías verdes	270	40	7 (23%)	15	3	560
Marie Calender's						
Chile y pan de maíz	540	67	21 (35%)	21	7	2.110
Pollo agridulce	570	86	15 (24%)	23	7	770
Tacos de ternera con salsa de setas	430	39	17 (36%)	25	6	1.620
Pavo en salsa	500	52	19 (34%)	31	4	2.040
Espaguetis con salsa de carne	670	85	25 (34%)	31	9	1.160
Raviolis de queso en salsa marinera con pan de ajo	750	96	29	25	1	1.070

Marca del alimento	Calorías (g)	Hidratos de carbono	Grasas (g%*)	Proteínas	Fibra (g)	Sodio (mg)
Pasta rellena Trío	640	40	18 (25%)	15	5	950
Swanson						
Combo estilo mexicano	470	59	18 (34%)	18	5	1.610
Pollo a la *parmigiana*	370	40	17 (41%)	13	4	1.010
Pechuga de pollo asada a las finas hierbas con arroz y verduras	310	4	7 (20%)	16	3	780
Plato de pollo	310	40	8,5 (25%)	22	5	890

* Porcentaje de calorías procedentes de grasas

Productos lácteos

Necesitamos un poco de leche para acompañar los cereales, para hacer *crêpes* o para el café. Lo bueno es que se puede eliminar de la leche parte de su grasa y de la grasa saturada y aun así tener una leche con todas las propiedades necesarias. Si eliminas de ella la grasa, también eliminas el colesterol.

- La leche puede pasar de tener 35 mg de colesterol en una taza de leche entera a tener 15 mg en una taza de un 1 % de leche.
- El requesón pasa de 25 mg de colesterol en media taza a 10 mg si el queso es bajo en grasa.
- En algunos productos lácteos la cosa es más difícil. Cuando, por ejemplo, eliminamos la grasa del queso en algo más de la mitad, empieza a parecer y a saber menos a queso y más a un trozo de plástico.

Independientemente de la cantidad de grasa que contengan, la mayoría de los productos lácteos deben consumirse con moderación, pues muchos aportan una gran cantidad de hidratos de carbono, como, por ejemplo, los yogures desnatados con sabor a frutas. Después hay otros productos lácteos que tienen pocos hidratos de carbono pero que aportan algunos gramos de grasa (los quesos).

Por tanto, hay que tener cuidado a la hora de contabilizar sus aportes nutricionales para ver cómo contribuyen a equilibrar las comidas o tentempiés y el efecto que provocan en el azúcar en sangre en ciertas cantidades.

Alimento	Calorías	Hidratos de carbono (g)	Grasas (g)	Proteínas (g)	Fibra (g)	Sodio (mg)
Leche (1 taza)						
Leche desnatada	90	13	0	9	0	130
Leche semidesnatada (1 %)	120	14	2,5	11	1,5	160
Leche semidesnatada (2 %)	130	13	5	10	3	140
Leche entera	150	13	8	8	5	125
Requesón bajo en grasa	80	3	2 (22 %)	13	1	340
Cuajada	120	4	5 (38 %)	14	3	410
Yogur						
Yogur light sabores sin grasa de 160 g	90	15	0	5	0	75
99 % libre de grasa de sabores, de 160 g	170	33	2	5	1	80
Estilo cuajada bajo en grasa, de 160 g	190	32	3	8	2	100

Aderezos y salsas ricos en grasas monoinsaturadas

Los productos del siguiente recuadro contienen exclusivamente aceites vegetales ricos en grasas monoinsaturadas: aceite de oliva y de girasol y una combinación de los dos.

Alimento	Calorías	Hidratos de carbono (g)	Grasas (g)
Mayonesa: 1 cucharada*			
Mayonesa selección con aceite de canola	0	0	11
Manonesa Sprectrum con aceite de canola	100	0	12
Mayonesa ligera Spectrum sin huevo y aceite de canola	35	1	3
Aderezo para ensaladas: 2 cucharadas**			
Colección especial Kraft			
Tomate secado al sol	60	4	4,5
Pesto italiano	70	5	5,5
Vinagreta de balsámico	110	1	12
Kraft light bien hecho			
Vinagreta de vino tinto	50	3	4,5
Italiana	50	2	4,5
Vinagreta de frambuesa	60	6	4
De pepino	60	2	5,5
Catalina	80	9	5
Kraft			
Vinagreta de ajos asados	50	3	4,5

Alimento	Calorías	Hidratos de carbono (g)	Grasas (g)
César parmesana	60	1	5
Newman's Own			
Dinamita italiana light	45	3	4
Berstein's			
Queso italiano y ajo	110	2	11
Vino tinto y ajo italiano	110	2	11
Rancho parmesano y ajo	140	2	14
Balsámico italiano	110	2	11

*Mayonesa: 80 mg o menos de sodio y 1 g de grasas saturadas por ración

**Aderezo de ensalada: entre 230 y 480 mg de sodio y 1 g de grasas saturadas por ración

Capítulo 7

Normas para comer en restaurantes

La mayoría de la gente consciente de la salud cuando va a un restaurante intenta estar informado y evitar una cosa: elegir un menú con exceso de grasas y calorías. Pero las personas con diabetes con frecuencia tienen unas cuantas cosas más por las que preocuparse cuando están delante de un menú o una carta. Deben tener en cuenta cuántos gramos de hidratos de carbono comer y si hay algo que pueda incrementar el nivel de azúcar en sangre tras la comida. Desean elegir algo que aporte una cantidad moderada de grasas monoinsaturadas, pues a muchos les ayuda a controlar el azúcar en sangre. También intentan mantener bajas las grasas saturadas y las grasas trans, y altos los ácidos grasos omega 3 para ayudar a proteger el corazón. Muchas personas necesitan, además, contar el número de proteínas y de potasio si siguen un tratamiento de diálisis.

Esto es a groso modo lo que ha de encontrarse en el plato (es una manera de hablar). Puede parecer que todo esto acaba con la diversión de salir a comer fuera, ¿verdad? El truco reside en encontrar el punto medio entre contar todo lo que es necesario contar y pedir lo que conviene y

185

disfrutar de ello. Puede hacerse, tan sólo requiere un poco de práctica, y también ayuda contar los gramos de grasas, fibra e hidratos de carbono de los diversos menús a elegir. Si el médico o el dietista dice que hay que limitar la cantidad de sal, debe tenerse en cuenta que los alimentos que se aconsejan en este capítulo tienen más cantidad de sodio que otros, de manera que hay que considerar cada elección.

Reducir grasas y calorías

- Hay que recordar que algunas personas con diabetes controlan mejor su azúcar en sangre si no siguen una dieta demasiado baja en grasas, sino una con una cantidad moderada (alrededor de un 30 a un 35 % de calorías procedentes de las grasas). Si estás es este grupo, es especialmente importante que tomes, siempre que sea posible, grasas monoinsaturadas y ácidos grasos omega 3 y omega 9. Y, con independencia del grupo en el que estés, deberás evitar los alimentos ricos en grasas animales que aportan calorías y grasas saturadas extra. Uno de los inconvenientes de comer fuera es el de las tremendas raciones y productos lácteos que sirven a menudo. Frente a esto hay unas cuantas cosas que se pueden hacer:
- Los cortes de carne de ternera que, por lo general, ofrecen en los restaurantes son: filete Mignon, solomillo o solomillo troceado, mientras que los más grasos son el entrecot, el chuletón y el *ossobucco*.
- Hay que asegurarse de que el plato de carne tenga una guarnición de verduras o de legumbres. Las ver-

duras sacian e impiden que se coma más carne de lo debido, y las verduras y legumbres completan las necesidades diarias de fibra (buenas para la salud y para el nivel de azúcar en sangre).

- En vez de pedir la hamburguesa grande, es mejor conformarse con la infantil o la mediana, y con mucha lechuga, tomate, kétchup y mostaza; en vez de mayonesa, hay que pedir «salsas especiales» y queso.
- Siempre que sea posible, hay que solicitar las raciones de carne «pequeña» o «junior».
- De manera automática, hay que cortar por la mitad la ración de filete, chuleta, costillas, jamón o pollo asado y llevar la otra mitad a casa, para el sándwich del día siguiente.
- Hay que preguntar al restaurante si es posible hacer la tortilla de tres huevos con huevina o con una mezcla de huevina y huevo.
- Se debe evitar el «queso extra», e intentar que las raciones de platos con queso (pizza, enchiladas, lasañas, etcétera) sean moderadas.

Para evitar el exceso de calorías en general, hay que dejar de pedir platos elaborados con demasiada cantidad de los siguientes alimentos:

- **Mantequilla o margarina:** cada cucharada de mantequilla contiene 11,5 gramos de grasa y 102 calorías.
- **Mayonesa:** cada cucharada contiene 11 gramos de grasa y 100 calorías. Los aderezos de ensalada con mayonesa y crema están repletos de grasa. Hay que recordar que en el cucharón de servir de un restau-

rante caben dos cucharadas de aderezo, lo que equivale a unos 25 gramos de grasa.

- **Crema de leche:** un cuarto de taza de nata líquida contiene 22 gramos de grasa y 205 calorías.
- **Aceite:** cada cucharada de aceite contiene 14 gramos de grasa y 120 calorías. Hay que evitar los alimentos fritos, aunque estos sean saludables, como pollo o pescado. Es mejor tomarlos a la parrilla.
- **Azúcar:** está repleto de calorías. No se trata de eliminarlo por completo. Una ayuda es compartir el postre con alguien de la mesa o tomar la mitad y llevarse la otra mitad a casa.

Opciones para elegir menú en las cadenas de restaurantes

Cadenas de braserías

Hay muchas cadenas de restaurantes especializados en parrilladas de carne, y la mayoría de ellos no ofrecen a sus clientes ninguna información nutricional. Deben evitarse las gigantescas cebollas fritas y recubiertas de mantequilla, de las que se rumorea que contienen más de 100 gramos de grasa.

Aunque uno intente evitar los alimentos fritos (no sólo por las grasas y las calorías, sino porque, según parece, los alimentos fritos hacen que suba el nivel de azúcar en sangre), ¿qué sucede con el resto de alimentos? Si una persona desea comer carne, ¿qué tipo es la mejor? Sea cual sea la brasería que uno elija, he aquí unas cuantas cosas que pueden ser de ayuda desde el punto de vista nutricional:

- Pedir al chef que la carne no lleve mantequilla o grasa añadida.
- Solicitar que la ración dividida en dos o más trozos para poder llevarse una parte a casa.
- Pedir que las patatas asadas lleven la mantequilla y la crema aparte y no por encima.
- Pedir que la ensalada lleve el aderezo por separado.
- Antes de comer la ración de carne, cortar los trozos de grasa visibles.

Tras realizar algunas investigaciones, conseguí información nutricional de los menús de algunas braserías típicas. Puede que el contenido real de los alimentos del restaurante habitual al que vas a comer tenga unos platos más ricos en grasas y calorías, pero la siguiente información te dará una idea aproximada de los restaurantes en general.

Platos principales

- **Pollo asado:** 1 g de hidratos de carbono, 2 g de grasa (15 % de calorías procedentes de las grasas), 25 g de proteínas, 120 calorías.
- **Sándwich de pollo asado:** 39 g de hidratos de carbono, 4 g de grasa (11 % de calorías procedentes de las grasas), 33 g de proteínas, 324 calorías.
- **Salmón a la parrilla (120 g):** 1 g de hidratos de carbono, 1 g de grasa (35 % de calorías procedentes de las grasas), 27 g de proteínas, 203 calorías.
- **Punta de solomillo con pimientos y cebollas:** 4 g de hidratos de carbono, 8 g de grasa (35 % de calo-

rías procedentes de las grasas), 27 g de proteínas, 203 calorías.

- **Sándwich de pollo a la barbacoa con especias:** 45 g de hidratos de carbono, 5 g de grasa (12 % de calorías procedentes de las grasas), 34 g de proteínas, 368 calorías.
- **Filete de pollo estilo casero:** 21 g de hidratos de carbono, 9 g de grasa (37 % de calorías procedentes de las grasas), 13 g de proteínas, 217 calorías.
- **Filete de solomillo junior:** 0 g hidratos de carbono; 10 g de grasa (46 % de calorías procedentes de las grasas), 25 g de proteínas, 194 calorías.
- **Filete Mignon (180 g ya cocinado):** 0 g de hidratos de carbono, 15 g. de grasa (44 % de calorías procedentes de las grasas), 0 fibra, 330 calorías.
- **Sándwich de filete de carne:** 36 g de hidratos de carbono, 15 g grasa (31 % de calorías procedentes de las grasas), 34 g de proteínas, 430 calorías.
- **Filete de solomillo:** 0 g de hidratos de carbono, 16 g de grasa (51% de calorías procedentes de las grasas), 34 g de proteínas, 285 calorías.
- **Filete con salsa a la campesina:** 44 hidratos de carbono, 25 g de grasa (42 % de calorías de grasas), 32 g de proteínas, 530 calorías.

Guarniciones

- **Patata al horno:** 31 g de hidratos de carbono, 0 g de grasas, 3 g de proteínas, 3 g de fibra, 130 calorías.

- **Brócoli:** 5 g de hidratos de carbono, 0 g de grasa, 3 g de fibra, 35 calorías.
- **Maíz (110 g):** 28 g de hidratos de carbono; 1,5 g de grasa (9 % de calorías de procedentes de las grasas); 4 g de proteínas; 3 g de grasas; 120 calorías.
- **Alubias con salsa barbacoa (110 g):** 25 g de hidratos de carbono, 2 g de grasa (14 % de calorías procedentes de las grasas); 6 g de proteínas; 5 g de fibra; 150 calorías.
- **Arroz pilaf (½ taza):** 23 g de hidratos de carbono; 3,5 g (23 % de calorías procedentes de las grasas), 2 g de proteínas; 5 g de fibra; 135 calorías.
- **Panecillo (1):** 14 g de hidratos de carbono; 2 g de grasa (22 % de calorías procedentes de las grasas), 2 g de proteínas; 1 g de fibra; 85 calorías.
- **Pan de maíz (1 pieza):** 28 g de hidratos de carbono; 5 g de grasa (26 % de calorías procedentes de las grasas); 0 g de proteína; 2 g de fibra, 175 calorías.
- **Manzanas con canela:** 34 g de hidratos de carbono, 5 g de grasa (26 % de calorías procedentes de las grasas), 0 g de proteínas; 2 g de fibra; 172 calorías.
- **Puré de patatas (½ taza):** 18 g de hidratos de carbono; 5 g de grasa (35 % de calorías procedentes de las grasas); 2 g de proteínas; 2 g de fibra; 115 calorías.
- **Panecillo de mantequilla (1):** 29 g de hidratos de carbono; 15 g de grasas; 5 g de proteínas; 1 g de fibra; 270 calorías.

Sopas (1 taza, 250 ml)

- **Ternera y verduras:** 18 g de hidratos de carbono; 2 g de grasa (15 % de calorías procedentes de las grasas): 7 g de proteínas; 3 g de fibra, 120 calorías.

191

- *Clam chowder*, **Nueva Inglaterra (sopa de almejas):** 17 g de hidratos de carbono; 9 g de grasa (45 % de calorías procedentes de las grasas); 3 g de proteínas; 1,5 g de fibra; 180 calorías.
- **Chile con alubias:** 25 g de hidratos de carbono; 9 g de grasas (30 % de calorías procedentes de las grasas); 23 g de proteínas; 5 g de fibra, 270 calorías.

Chili's

Chili's tiene una sección «parrilladas sin culpa» en su carta en las que presenta cuatro platos principales que tienen de 8 a 14 g de grasas y de 480 a 659 calorías. Todos ellos aportan bastante fibra. La siguiente selección constituye una buena opción para el plan de comidas diabético con recuento de hidratos de carbono.

- **Salmón inocente a la parrilla:** 31 g de hidratos de carbono; 14 g de grasa; 3 g de grasas saturadas; 10 g de fibra; 480 calorías.
- **Sándwich inocente de pollo:** 63 g de hidratos de carbono; 8 g de grasas; 2 g de grasas saturadas; 11 g de fibra; 490 calorías.
- **Bandeja inocente de pollo:** 85 g de hidratos de carbono; 9 g de grasas; 3 g de grasas saturadas; 5 g de fibra; 580 calorías. Para reducir la cantidad de hidratos, come menos arroz.
- **Hamburguesa inocente con alubias negras:** 96 g de hidratos de carbono; 12 g de grasas; 2 g de grasas saturadas; 26 g de fibra; 650 calorías. Para reducir los

hidratos de carbono de 96 a 48, come sólo la mitad de la hamburguesa. Si se tiene más hambre, añade una generosa ensalada verde, mucha verdura y un aliño light.

Las mejores opciones en las pizzerías

Hay cadenas de pizzerías que tienen unas bases de pizza más ricas en grasas, mientras que otras optan por las más tradicionales, las de tipo pan. Espero que sepas ver la diferencia, pero de no ser así, coloca la pizza sobre una servilleta gruesa. ¿Queda en la servilleta una mancha de grasa con forma de triángulo? Esa mancha refleja el contenido graso de la pizza. Lo mejor es frecuentar las pizzerías que elaboran las pizzas con la base más tradicional de pan; eso significa que ya has ganado media batalla. La empresa Domino, por ejemplo, hace un tipo de pizza normal y otro tipo de pizza amasada a mano, y ésta es la que hay que pedir, ya que contiene la mitad de grasa y grasas saturadas que la otra.

El segundo factor a la hora de elegir la pizza más saludable radica en los ingredientes, en el queso y todos los demás alimentos. Pedir que lleve menos queso es algo que definitivamente ayuda. Sé que quizás uno se sienta un tanto estúpido pidiendo eso, pero muchas pizzerías ponen en las pizzas mucho más queso del que necesita realmente. Si se está acostumbrado a la típica pizza con fiambres variados, el siguiente consejo puede ser difícil de cumplir. Es mejor añadir a la pizza ingredientes que no aporten calorías grasas, sino fibra y elementos nutritivos, y así se conseguirá el premio máximo en la pirámide de nutrición. La gente, por lo general, no incorpora verdura en la pizza de carne o fiambre (a menos que pida una ensalada), pero ¿por qué no poner en la pizza las verduras que a uno le gustan y conseguir así un plato más completo? Seguro que como mínimo te gustan un par de las siguientes verduras: cebollas, champiñones, calabacines, tomates, brócoli, corazones de alcachofas, y también fruta, como, por ejemplo, la piña. En cuanto a la carne, las más magras son el jamón y el lomo de cerdo.

Tener cuidado con el azúcar en sangre

Según parece, la pizza es uno de esos alimentos que incrementan el azúcar en sangre más allá de lo que la cantidad de hidratos de carbono podría explicar. Quizás compruebes que toleras mejor la pizza si antes tomas una ensalada con alubias. Y seguramente no es el mejor momento para consumir una gran ración de pastel. Prueba a tomar dos raciones de pizza y comprueba tu nivel de azúcar en sangre. Dos raciones aportan unos 45 g de hidratos de carbono, 10 g de grasa, 13 g de proteínas, 317 calorías y 669 mg de sodio. Mientras que dos raciones del tipo de pizza con masa más gruesa aportan: 54 g de hidratos de carbono, 20 g de grasa, 18 g de proteínas, 455 calorías y 1.030 mg de sodio.

Las mejores opciones a la hora de comprar un sándwich

Hay sitios donde se pueden elegir sándwiches muy saludables. Si se elige uno con pan integral, los gramos de fibra pueden incrementarse de 2 a 4 por sándwich. Añadirle mayonesa o aderezo para ensalada significa tener que sumar más cifras al total. Pero hay lugares que ofrecen mayonesa light, y donde se puede pedir mostaza, vinagre y aceite de oliva.

Blimpie (Cadena de sándwiches estadounidense)

- **Blimpie Best:** 47 g de hidratos de carbono; 13 g de grasa (28 % de calorías procedentes de las grasas); 26 g de proteínas; 4 g de fibra; 410 calorías; 1.480 mg de sodio.
- **Jamón y queso suizo:** 47 g de hidratos de carbono; 13 g de grasa (27 % de calorías procedentes de las grasas); 25 g de proteínas; 5 g de fibra; 430 calorías; 970 mg de sodio.
- **Pavo:** 51 g de hidratos de carbono; 4,5 g de grasa (13 % de calorías procedentes de las grasas); 19 g de proteínas; 3 g de fibra; 320 calorías; 690 mg de sodio.
- **Rosbif:** 47 g de hidratos de carbono; 4,5 g de grasa (12 % de calorías procedentes de las grasas); 27 g de proteínas; 2 g de fibra; 340 calorías; 870 mg de sodio.
- **Club:** 53 g de hidratos de carbono; 13 g de grasa (26 % de calorías procedentes de las grasas); 30 g de proteínas; 3 g de fibra; 450 calorías; 1.350 mg de sodio.
- **Pollo asado:** 52 g de hidratos de carbono; 9 g de grasa (20 % de calorías procedentes de las grasas); 28 g de proteínas; 2 g de fibra; 400 calorías; 960 mg de sodio.

- Ensalada de pollo asado: 13 g de hidratos de carbono; 12 g de grasa (31 % de calorías procedentes de las grasas); 47 g de proteínas; 0 g de fibra; 350 calorías; 1.190 mg de sodio.

Subway (Cadena de sándwiches estadounidense)

- **Vegetariano:** 44 g de hidratos de carbono; 3 g de grasa (11 % de calorías procedentes de las grasas); 9 g de proteínas; 237 calorías; 593 mg de sodio.
- **Pechuga de pavo:** 46 g de hidratos de carbono; 4 g de grasa (12 % de calorías procedentes de las grasas); 18 g de proteínas; 289 calorías; 1.403 mg de sodio.
- **Pechuga de pavo y jamón:** 46 g de hidratos de carbono; 5 g de grasa (15 % de calorías procedentes de las grasas); 18 g de proteínas; 295 calorías; 1.361 mg de sodio.
- **Jamón:** 45 g de hidratos de carbono; 5 g de grasa (15 % de calorías procedentes de las grasas); 19 g de proteínas; 302 calorías; 1.319 mg de sodio.
- **Rosbif:** 45 g de hidratos de carbono; 5 g de grasa (15 % de calorías procedentes de las grasas); 20 g de proteínas; 303 calorías; 939 mg de sodio.
- **Subway Club:** 46 g de hidratos de carbono; 5 g de grasa (14 % de calorías procedentes de las grasas); 21 g de proteínas; 312 calorías; 1.352 mg de sodio.
- **Pescado y marisco (cangrejo) con mayonesa light:** 45 g de hidratos de carbono; 10 g de grasa (26 % de calorías procedentes de las grasas); 20 g de proteínas; 347 calorías; 884 mg de sodio.

- **Pechuga de pollo asado:** 47 g de hidratos de carbono; 6 g de grasa (16 % de calorías procedentes de las grasas); 27 g de proteínas; 348 calorías; 978 mg de sodio.
- **Bistec de ternera y queso:** 47 g de hidratos de carbono; 10 g de grasa (23 % de calorías procedentes de las grasas); 30 g de proteínas; 398 calorías; 1.117 mg de sodio.
- **Subway con queso fundido:** 46 g de hidratos de carbono; 12 g de grasa (28 % de calorías procedentes de las grasas); 23 g de proteínas; 382 calorías; 1.746 mg de sodio.

Sándwiches Subway «supremo»

- **Pavo:** 38 g de hidratos de carbono; 4 g de grasa (15 % de calorías procedentes de las grasas); 12 g de proteínas; 235 calorías; 944 mg de sodio.
- **Jamón:** 37 g de hidratos de carbono; 4 g de grasa (15 % de calorías procedentes de las grasas); 11 g de proteínas; 234 calorías; 773 mg de sodio.
- **Rosbif:** 38 g de hidratos de carbono; 4 g de grasa (15 % de calorías procedentes de las grasas); 13 g de proteínas; 245 calorías; 638 mg de sodio.
- **Atún (con mayonesa light):** 38 g de hidratos de carbono; 9 g de grasa (29 % de calorías procedentes de las grasas); 11 g de proteínas; 279 calorías; 538 mg de sodio.

Ensaladas Subway (sin aderezo)

- **Vegetariana suprema:** 10 g de hidratos de carbono; 1 g de grasa (18 % de calorías procedentes de las grasas); 2 g de proteínas; 51 calorías; 308 mg de sodio.
- **Pechuga de pavo:** 12 g de hidratos de carbono; 2 g de grasa (18 % de calorías procedentes de las grasas); 11 g de proteínas; 102 calorías; 1.117 mg de sodio.
- **Subway Club:** 12 g de hidratos de carbono; 3 g de grasa (21 % de calorías procedentes de las grasas); 11 g de proteínas; 126 calorías; 1.067 mg de sodio.
- **Rosbif:** 11 g de hidratos de carbono; 3 g de grasa (23 % de calorías procedentes de las grasas); 12 g de proteínas; 117 calorías; 654 mg de sodio.
- **Jamón:** 11 g de hidratos de carbono; 3 g de grasa (23 % de calorías procedentes de las grasas); 12 g de proteínas; 116 calorías; 1.034 mg de sodio.
- **Pechuga de pavo y jamón:** 11 g de hidratos de carbono; 3 g de grasa (25 % de calorías procedentes de las grasas); 11 g de proteínas; 109 calorías; 1.076 mg de sodio.
- **Pechuga de pollo asado:** 13 g de hidratos de carbono; 4 g de grasa (22 % de calorías procedentes de las grasas); 20 g de proteínas; 162 calorías; 693 mg de sodio.
- **Bistec de ternera y queso:** 13 g de hidratos de carbono; 8 g de grasa (34 % de calorías procedentes de las grasas); 22 g de proteínas; 212 calorías; 832 mg de sodio.

Las mejores opciones en las cadenas de restaurantes de comida rápida

Es facilísimo tomar una comida muy rica en grasas y calorías en cualquier restaurante de comida rápida. Seguramente el mayor problema radica en que utilizan tipos de grasa que dañan el corazón, y, además, resulta bastante difícil encontrar fruta o verdura con qué combinar los platos que ofrecen. Sin embargo, ahora hay algunos restaurantes que disponen de ensaladas como guarnición y salsas y aliños de ensalada sin grasa o light para acompañar a los sándwiches. Si sabes de antemano que vas a tomar comida rápida, puedes llevar algo de fruta y de verdura (como, por ejemplo, zanahorias o apio), que acabarán de completar la comida. Sé que esto parece poco práctico, pero si uno suele ir a comer a estos sitios es un hábito a seguir bastante importante.

En cuanto a las hamburguesas, mayor no quiere decir mejor. Cuanto más pequeña sea la hamburguesa, menor será el porcentaje de calorías grasas que contiene. Eso se explica en parte porque las hamburguesas más pequeñas tienen más pan en relación con el contenido de carne, pero también porque las hamburguesas más grandes llevan salsas más elaboradas (y ricas en grasas), mientras que las pequeñas se sirven con kétchup y mostaza. Cada cadena de restaurantes tiene sus pros y sus contras, pero lo importante es tener en cuenta estas tres reglas:

1. Tener cuidado con las salsas y condimentos

En el pollo de Arby Southwest y en algún otro de sus platos, la mitad de los gramos de grasa proviene de la salsa ranchera o de la mayonesa. Algunas salsas aportan muchas grasas y calorías, como, por ejemplo, las que llevan mayonesa o aceite, mientras que otras tienen menos calorías y menos grasas (pero les añaden sal). Es mejor agregar un poco de kétchup, salsa marinera, mostaza o salsa barbacoa que las salsas y pastas cremosas. Así, por ejemplo, medio sobre de salsa barbacoa o de mostaza con miel aporta unas 23 calorías, 0 g de grasa, unos 5 g de hidratos de carbono y unos 80 mg de sodio.

2. Vigilar las guarniciones

Cualquier guarnición frita ya es sospechosa, como las patatas fritas o los aros de cebolla. Si te apetece algo para acompañar el plato que has elegido, opta por un plato de fruta o una ensalada (con medio sobre de aderezo bajo en calorías). La otra opción es llevar de casa tu propia ración de fruta o de verdura. Yo lo he hecho muchísimas veces. Son alimentos que portan algunos gramos de hidratos de carbono, además de fibra y algunos nutrientes.

3. Tener en cuenta las calorías líquidas

Lo que menos se necesita a la hora de ir a un restaurante de comida rápida es beber cosas que aporten calorías e hidratos de carbono y ningún tipo de nutrientes, como refrescos, té azucarado, o bebidas de frutas. Aún es peor si al azúcar y las calorías se les añade grasa, como en el caso de los batidos. Debe elegirse una bebida que no aporte calorías (agua, té sin azúcar o un refresco light), o bien una que aporte algunos nutrientes y calorías, como la leche semidesnatada o un zumo de naranja natural. Un envase pequeño de leche semidesnatada tiene 12 g de hidratos de carbono. Un zumo de naranja de 250 ml aporta unos 22 g de hidratos de carbono.

Llevar la cuenta de los gramos de hidratos de carbono, fibra y grasas

Si llevas la cuenta de los hidratos, la fibra y las grasas para poder normalizar tu nivel de azúcar en sangre, sigue haciéndolo, especialmente cuando comes en restaurantes de comida rápida. Por lo general, las cadenas de comida rápida publican en sus páginas web los datos nutricionales de sus platos. ANTES de ir al restaurante, busca los ingredientes de lo que vas a pedir. A veces disponen de un folleto con esta información, que suele estar expuesta en el restaurante.

Teniendo en mente las tres reglas que hemos citado, aquí encontrarás 21 alternativas a los platos más ricos en grasas, calorías y grasas saturadas de las cadenas de comida rápida.

Sándwiches

- **Sándwich KFC (Kentucky Fried Chicken) con salsa barbacoa y miel:** 32 g de hidratos de carbón; 3,5 g de grasa; 1 g de grasa saturada; 14 g de proteínas; 3 g de fibra; 280 calorías; 780 mg de sodio; 60 mg de colesterol.

- **Sándwich KFC asado tierno con salsa:** 28 g de hidratos de carbono; 4,5 g de grasa; 1,5 g de grasa saturada; 37 g de proteínas; 2 g de fibra; 300 calorías; 1.060 mg de sodio; 70 mg de colesterol.
- **Sándwich de pollo a la brasa:** 28 g de hidratos de carbono; 4,5 g de grasa; 1,5 g de grasa saturada; 37 g de proteínas; 2 g de fibra; 300 calorías; 1.060 mg de sodio; 70 mg de colesterol.
- **Sándwich de pollo a la brasa con salsa barbacoa:** 40 g de hidratos de carbono; 4 g de grasa; 1 g de grasa saturada; 33 g de proteínas; 3 g de fibra; 340 calorías; 1.070 mg de sodio; 60 mg de colesterol.
- **Sándwich de pollo a la brasa Carl Jr con salsa barbacoa:** 48 g de hidratos de carbono; 4,5 g de grasa; 1 g de grasa saturada; 34 g de proteínas; 4 g de fibra; 360 calorías; 1.150 mg de sodio; 60 mg de colesterol.
- **Sándwich supremo Wendy:** 36 g de hidratos de carbono; 7 g de grasa; 1,5 g de grasa saturada; 28 g de proteínas; 2 g de fibra; 320 calorías; 950 mg de sodio; 70 mg de colesterol.
- **Sándwich de pollo asado Cordon Bleu (sin mayonesa):** 49 g de hidratos de carbono; 8 g de grasa; 2 g de grasa saturada; 41 g de proteínas; 2 g de fibra; 390 calorías; 1.563 mg de sodio; 25 mg de colesterol.
- **Hamburguesa con cebolla, mostaza y queso (en vez de salsa):** 41 g de hidratos de carbono; 10 g de grasa; 4 g de grasa saturada; 16 g de proteínas; 3 g de fibra; 310 calorías; 730 mg de sodio; 35 mg de colesterol.

Tacos y otros

- **Taco Bell, de Fresco, estilo burrito con alubias:** 54 g de hidratos de carbono; 7 g de grasa; 2,5 g de grasa saturada; 12 g de proteínas; 9 g de fibra; 330 calorías; 1.200 mg de sodio; 0 mg de colesterol.
- **Tortilla de maíz, de KFC sin salsa:** 39 g de hidratos de carbono; 7 g de grasa; 2,5 g de grasa saturada; 28 g de proteínas; 3 g de fibra; 330 calorías; 1.120 mg de sodio; 50 mg de colesterol.
- **Tortilla de maíz, de McDonalds, con mostaza y miel**
- **Tortilla de maíz con salsa barbacoa y chipotle (especie de jalapeño):** 27 g de hidratos de carbono; 8 g de grasa; 3,5 g de grasa saturada; 18 g de proteínas; 1 g de fibra; 260 calorías; 820 mg de sodio; 45 mg de colesterol.
- **Taco Bell, de Fresco, estilo burrito suprema de ternera:** 48 g de hidratos de carbono; 8 g de grasa; 3 g de grasa saturada; 16 g de proteínas; 7 g de fibra; 330 calorías; 21.250 mg de sodio; 0 mg de colesterol.
- **Fajita pita de pollo, de Chick-Fil-A (sin salsa):** 30 g de hidratos de carbono; 9 g de grasa; 3,5 g de grasa saturada; 21 g de proteínas; 2 g de fibra; 280 calorías; 1.110 mg de sodio; 60 mg de colesterol.
- **Pollo a la brasa envuelto en fajita, de Chick-fil-A:** 46 g de hidratos de carbono; 12 g de grasa; 3,5 g de grasa saturada; 34 gr de proteínas; 8 gr de fibra; 410 calorías; 1.310 mg de sodio; 70 mg de colesterol.

Ensaladas como plato principal

- **Ensalada verde con pollo a la brasa, de Chick-fil-A (sin aderezo ni salsas):** 9 g de hidratos de carbono; 6 g de grasa; 3 g de grasa saturada; 22 g de proteínas; 3 g de fibra; 180 calorías; 620 mg de sodio; 65 mg de colesterol.
- **Bol de pollo campero estilo bravío Taco Bell, de Fresco (sin aderezo ni salsa):** 51 g de hidratos de carbono; 8 g de grasa; 1,5 g de grasa saturada; 19 g de proteínas; 10 g de fibra; 350 calorías; 1.600 mg de sodio; 25 mg de colesterol.
- **Ensalada Southwest con pollo asado, de McDonalds:** 51 g de hidratos de carbono; 8 g de grasa; 1,5 g de grasa saturada; 19 g de proteínas; 10 g de fibra; 350 calorías; 1.600 mg de sodio; 25 mg de colesterol.
- **Ensalada Martha's Vineyard, de Arby (sin aderezo):** 24 g de hidratos de carbono; 8 g de grasa; 4 g de grasa saturada; 26 g de proteínas; 4 g de fibra; 277 calorías; 451 mg de sodio; 72 mg de colesterol.
- **Ensalada de pollo a la barbacoa, de Carl Jr. (con aderezo de balsámico light):** 21 g de hidratos de carbono; 8,5 g de grasa; 3,5 g de grasa saturada; 34 g de proteínas; 5 g de fibra; 295 calorías; 1.190 mg de sodio; 75 mg de colesterol.
- **Ensalada Santa Fe con pollo asado, de Arby (sin aderezo):** 21 g de hidratos de carbono; 9 g de grasa; 4 g de grasa saturada; 29 g de proteínas; 6 g de fibra; 283 calorías; 521 mg de sodio; 72 mg de colesterol.
- **Ensalada asiática con pollo asado, de MacDonalds:** 23 g de hidratos de carbono; 10 g de grasa; 1 g de

grasa saturada; 32 g de proteínas; 5 g de fibra; 300 calorías; 890 mg de sodio; 65 mg de colesterol.

Lo mejor y lo peor de los desayunos en los restaurantes de comida rápida

Según un reciente estudio de la Universidad de Minnesota, en el que se estudiaban hábitos de desayuno y cambios de peso en 2.200 adolescentes durante un período de 5 años, quienes desayunan de manera regular tienen un menor índice de masa corporal (IMC), en una relación dosis-respuesta; dicho de otro modo, cuantos más desayunos se saltan los adolescentes, más aumenta su IMC.

Desayunar es algo claramente saludable, pero si se hace en una cadena de restaurantes de comida rápida, hay que tener en cuenta que se pueden tomar alimentos mucho más saludables.

Por lo general «los estudios muestran que las personas suelen consumir más calorías, grasas y sal y menos vitaminas cuando comen en los restaurantes de comida rápida que cuando no lo hacen», afirma Karen Collins, dietista y nutricionista colegiada, del Instituto Norteamericano para la Investigación del Cáncer.

Una de las razones de que esto ocurra, según Collins, puede ser que nuestros organismos no detectan de manera automática que cuando comemos alimentos hipercalóricos necesitamos raciones más pequeñas. «No todo el mundo sabe compensarlo comiendo menos el resto del día», explica.

En busca de un desayuno mejor

Está claro que algunas de las ofertas de comida rápida son mejores que otras. Tomar un desayuno más saludable significa buscar ingredientes un poco de fibra y proteína (lo que los hace más saciantes), pero sin demasiadas grasas saturadas o grasas totales. La fibra también es importante en los alimentos horneados. Si bien éstos son relativamente bajos en grasas, pueden ser ricos en azúcar y harina blanca.

Si echamos un vistazo a la información nutricional que algunas de las cadenas de comida rápida más populares muestran en sus páginas web, veremos que pocos de sus desayunos se ajustan a un recuento idóneo de nutrientes. Algunas ofrecen uno o dos platos razonablemente bajos en grasas saturadas que contienen algunas proteínas, pero por lo general carecen de fibra. Otras no tienen ni una sola opción de desayuno que sea suficientemente pobre en grasas saturadas y grasas totales para ser considerada saludable. En la cadena Carl's Jr, por ejemplo, sólo hay un plato con menos de 20 g de grasa por ración (las tostadas francesas, con 18 g de grasa y 2,5 g de grasa saturada). Aporta 9 g de proteínas, pero tan sólo 1 g de fibra. La peor opción para desayuno es la del Burrito Desayuno de Carl's Jr, con 820 calorías, 51 g de grasa, 16 g de grasas saturadas, 595 mg de colesterol y 1.530 mg de sodio.

Pero sea cual sea el restaurante de comida rápida que visites, las ofertas de desayuno hipercalóricas y ricas en grasas abundan. Siempre que vayas a tomar un desayuno a uno de estos restaurantes antes de las once de la mañana, elige el mejor, toma una ración moderada y sigue haciendo ejercicio físico (¡o empieza a hacerlo!).

Starbucks (Los productos de bollería cambian según el lugar)

- **Bollitos de salvado bajos en grasa:** 74 g de hidratos de carbono; 4,5 g de grasa; 9 g de proteínas; 7 g de fibra; 360 calorías; 290 mg de sodio; 40 mg de colesterol.
- **Bollitos de manzana y arándanos bajos en grasas:** 54 g de hidratos de carbono; 9 g de grasa; 7 g de proteínas; 5 g de fibra; 310 calorías; 460 mg de sodio; 260 mg de colesterol.
- **Panecillos veganos con fruta y nueces:** 60 g de hidratos de carbono; 5 g de grasa; 7 g de proteínas; 3 g de fibra; 310 calorías; 320 mg de sodio; 0 mg de colesterol.
- **Rollito de espinacas, tomate asado, queso feta y huevo:** 29 g de hidratos de carbono; 10 g de grasa; 13 g de proteínas; 7 g de fibra; 240 calorías; 730 mg de sodio; 140 mg de colesterol.
- **Pastel de café y arándanos bajo en grasa:** 54 g de hidratos de carbono; 6 g de grasa; 4 g de proteínas; 1 g de fibra; 320 calorías; 390 mg de sodio; 10 mg de colesterol.
- **Pastel de café y canela bajo en grasas:** 53 g de hidratos de carbono; 6 g de grasa; 4 g de proteínas; 1 g de fibra; 300 calorías; 370 mg de sodio; 10 mg de colesterol.

MacDonald's

- **McBollito de huevo:** 30 g de hidratos de carbono; 12 g de grasa; 2 g de proteínas; 2 g de fibra; 300 calorías; 820 mg de sodio; 260 mg de colesterol.
- **Tortitas o panqueques (sin sirope ni margarina):** 60 g de hidratos de carbono; 9 g de grasa; 8 g de proteínas; 3 g de fibra; 350 calorías; 590 mg de sodio; 20 mg de colesterol.

Burger King

- **Sándwich de tortilla de jamón:** 33 g de hidratos de carbono; 13 g de grasa; 13 g de proteínas; 1 g de fibra; 390 calorías; 870 mg de sodio; 85 mg de colesterol.
- **Torrijas (3 piezas):** 26 g de hidratos de carbono; 13 g de grasa; 4 g de proteínas; 1 g de fibra; 240 calorías; 260 mg de sodio; 0 mg de colesterol.

Jack in the Box

- **Desayuno Jack:** 29 g de hidratos de carbono; 12 g de grasa; 17 g de proteínas; 1 g de fibra; 290 calorías; 760 mg de sodio; 220 mg de colesterol.
- **Desayuno Jack con beicon:** 29 g de hidratos de carbono; 14 g de grasa; 16 g de proteínas; 1 g de fibra; 300 calorías; 730 mg de sodio; 215 mg de colesterol.

Subway

- **Sándwich de queso (con un panecillo de 15 cm):** 55 g de hidratos de carbono; 18 g de grasa; 30 g de proteínas; 5 g de fibra; 420 calorías; 1.010 mg de sodio; 190g de colesterol.

Elige un *bagel*

¡Me encantan los *bagels* (bollos con forma de rosquilla) frescos! Untados con queso cremoso light son uno de mis desayunos favoritos. Tienen un aspecto bastante inocente, pero para algunas personas con diabetes tipo 2 sus aproximadamente 40 g de hidratos de carbono pueden ser un problema por la mañana en cuanto alteran el nivel de azúcar en sangre.

Pero para mejorar el nivel de azúcar después de haber consumido uno, se pueden hacer unas cuantas cosas. Prueba con *bagels* integrales o con salvado, para ver si hay alguna diferencia. E intenta equilibrar los hidratos de carbono de estos bollos con unas cuantas proteínas y un poco de grasa. Es tan fácil como untarlo con queso cremoso light o rellenarlo con queso bajo en grasa o una loncha de pechuga de pavo. A continuación, veremos el resultado de estas opciones:

- *Bagel* **de trigo integral con 30 g de queso bajo en grasa y 30 g de pechuga de pavo:** 55 g de hidratos de carbono; 8 g de grasa; 23 g de proteínas; 9 g de fibra; 375 calorías; 842 mg de sodio; 30 mg de colesterol.

- *Bagel* **de trigo integral con 2 cucharadas de queso cremoso light:** 54 g de hidratos de carbono; 5,5 g de grasa; 14 g de proteínas; 9 g de fibra; 313 calorías; 583 mg de sodio; 13 mg de colesterol.

Capítulo 8

Tentempiés ligeros
y desayunos equilibrados

Existen dos momentos específicos en la alimentación que los especialistas en diabetes quisieron que yo aportara como información extra: los tentempiés acertados y los desayunos equilibrados. Así pues, además de toda la información que hasta el momento has encontrado en este libro, te ofrezco estas dos últimas maneras de conseguir mejores niveles de azúcar en sangre.

Tentempiés o refrigerios acertados

¿Significan algo para ti las palabras *chips, galletas, helados, dulces o pastas saladas*? Estos alimentos, ricos en calorías, grasas y azúcares, son algunos de los tentempiés más populares. Pero para empezar a comer de manera sensata no necesariamente hay que cambiar galletas por zanahorias, ni helados por tofu. Podemos optar por tentempiés más inteligentes eligiendo alimentos más ricos en fibra y en nutrientes importantes, hidratos de carbono con menores índices glucémicos y equilibrados con algunas proteínas y grasas buenas para el corazón.

Hay personas diabéticas que necesitan comer alguna cosa para evitar una bajada importante de azúcar en sangre (sobre todo las que tienen diabetes tipo 1). Estos tentempiés saludables pueden tomarse antes de acostarse, de hacer ejercicio o en los momentos en los que suele aparecer la hipoglucemia. Las personas con mayor riesgo de sufrir hiperglucemia (nivel alto de azúcar en sangre), que suelen ser las que tienen diabetes tipo 2, deben tomar refrigerios con ingredientes ricos en fibra y un bajo índice glucémico.

Alimentos con fibra soluble

Los alimentos ricos en fibra soluble constituyen unos refrigerios extraordinarios, pues este tipo de fibra abandona lentamente el estómago y contribuye a mejorar el nivel de azúcar en sangre, además de dar una sensación de saciedad más duradera. A continuación, se mencionan algunos tentempiés posibles ricos en fibra soluble:

- **Legumbres:** entre ellas, las alubias vegetarianas en lata o fritas pero sin grasas, la ensalada de alubias o la de tres legumbres con una vinagreta light.
- **Avena y salvado de avena:** tenemos ejemplos en la crema de avena con poco azúcar, los panecillos de avena bajos en azúcar o los cereales para desayuno, también bajos en azúcar.
- **Cebada:** se puede encontrar en las sopas o en estofados con este cereal.

- **Algo de fruta:** frutas como manzanas, melocotones, naranjas y limones, mangos, ciruelas, kiwis, peras y frutas del bosque pueden tomarse en batidos, con cereales integrales o con yogur entero o desnatado.
- **Algo de verdura:** entre otras, hay que citar las alcachofas, el apio, los boniatos, las chirivías, los nabos, las calabazas, las coles de Bruselas, los guisantes, el brócoli, las zanahorias, la coliflor, los espárragos y la remolacha.

Añadir otros vegetales que aportan cierta grasa y/o proteínas a nuestros refrigerios o tentempiés, como alimentos con soja, frutos secos, aceite de oliva y de girasol y aguacate, pueden ayudar a minimizar el nivel alto de azúcar en sangre que tradicionalmente aportan los alimentos ricos en hidratos de carbono.

Para que puedas llevar a cabo unos refrigerios más acertados y que contribuyan a unos mejores niveles de azúcar, aquí tienes más consejos y recetas.

1. Los tentempiés con ingredientes integrales, un paso en la dirección correcta

Las últimas investigaciones indican que en las personas que toman cereales integrales existe una menor incidencia de diabetes. Según parece, los alimentos integrales aumentan la eficacia de la insulina, por tanto, se requiere menos insulina para metabolizar el azúcar.

Tras hablar con unos cuantos amantes de los *bagels*, creí conveniente mejorar un tentempié con ellos. Estos panecillos son, en gran parte, hidratos de carbono, así que es importante acompañarlos con unas cuantas proteínas y grasas para acabar de redondear el recuento ideal de nutrientes. Esto hará que el alimento sea más saciante y que la energía que aporta llegue al torrente sanguíneo con más lentitud y dure más en él. Podemos añadirle un poco de mantequilla, algo de crema de queso light, una loncha de queso bajo en grasa o de pechuga de pavo.

Otra clave para redondear el tentempié es que el panecillo sea de cereales integrales, algo que aumentará la fibra del tentempié y aportará al organismo minerales, vitaminas y sustancias fitoquímicas que no aportan los panecillos elaborados con harinas refinadas.

Bagel con queso cremoso de untar

Para 1 refrigerio o tentempié
- ½ *bagel* de trigo u otro cereal integral, tostado o sin tostar
- 1 cucharada de queso cremoso

Contenido por ración: 108 calorías; 4,5 g de proteínas; 16,5 g de hidratos de carbono; 2,9 g de grasas, 1,8 g de grasas saturadas; 7,5 mg de colesterol, 210 mg de sodio. Calorías procedentes de las grasas: 24%.

2. Algunos alimentos no aumentan el nivel de azúcar en sangre

Aunque se tomen en grandes cantidades y de manera aislada, los siguientes alimentos difícilmente ocasionan un aumento sustancial de los niveles de azúcar en sangre:

- carnes rojas;
- pollo;
- pescado;
- aguacates;
- ensaladas verdes;
- quesos;
- huevos.

(Foster-Powell *et al.*: «Tabla internacional de índices glucémicos y carga glucémica de los alimentos», *Am J Clin Nutr* 76 [2002]: 5-56).

Mini sándwich de pavo

A menudo preparo este tentempié para mi hija y para mí. También se puede hacer en el grill del horno.

Para 2 raciones
- 10 rebanadas cuadradas
- 5 lonchas finas de pechuga de pavo cortadas por la mitad
- 50 g de queso bajo en sal rallado

1. Coloca las rebanadas en el grill con media loncha de pavo encima.
2. Sobre el pavo, pon el queso rallado.
3. Tuesta las rebanadas en el grill del horno hasta que el queso se funda.

Contenido por ración: 214 calorías; 21 g de proteínas; 16 g de hidratos de carbono; 7 g de grasas, 3,5 g de grasas saturadas; 2,2 g de grasas monoinsaturadas; 1 g de grasas piolinsaturadas; 40 mg de colesterol, 260 mg de sodio (sin incluir el sodio que contiene la pechuga de pavo, que varía según la marca). Calorías procedentes de las grasas: 29 %.

3. Los alimentos con un bajo índice glucémico son los menos refinados

Los alimentos con un bajo índice glucémico (IG) son, por lo general, menos refinados que sus homólogos con IG más altos e integrales. Así, por ejemplo, el pan blanco tiene un índice glucémico de 105 y una carga glucémica (CG) de 10, mientras que un pan de 7 cereales integrales tiene un IG de 79 y una CG de 8. Los copos de cereales de maíz tienen un IG de 130 y una CG de 24, mientras de los cereales de salvado integral y uvas pasas tienen un IG de 87 (más o menos) y una CG de 12.

Ensalada rápida de alubias

Una ración de esta ensalada rápida aporta una dosis de caroteno alfa y beta, ácido fólico, vitamina C, fibra y ácidos grasos omega 3 vegetales procedentes del aceite de girasol. Si se desea trasformar este tentempié en una comida, se le puede añadir una lata de atún para completarlo con ácidos grasos omega 3 y un poco de proteína de origen animal.

Para 8 raciones
- 3 tazas de zanahorias baby, en dados o finamente cortadas
- 3 tazas de brócoli en ramitos pequeños
- Una lata (400 g) de alubias, bien enjuagadas y escurridas
- ½ taza de cebolla finamente picada (puede utilizarse menos cantidad)
- ½ taza de vinagreta preparada con aceite de oliva o de girasol
- 45 g de atún al natural en lata (opcional)

1. Mezcla las zanahorias con ¼ de taza de agua y cuécelas en el microondas de 3 a 5 minutos, o hasta que estén tiernas.
2. Escurre el agua y viértelas en un cuenco de ensalada.
3. Repite la operación con el brócoli. Cuécelo en el microondas de 3 a 5 minutos, o hasta que esté tierno.
4. Escurre el agua y agrégalo al cuenco de ensalada.
5. Incorpora las alubias, la cebolla y la vinagreta (y el atún, si lo deseas). Remueve bien todo y sirve.

Contenido por ración: 110 calorías; 5 g de proteínas; 19 g de hidratos de carbono; 2,5 g de grasas, 0 g de grasas saturadas; 0 mg de colesterol, 310 mg de sodio. Calorías grasas: 20 %.

4. Siente predilección por los frutos secos

Unos 30 g de la mayoría de los frutos secos aportan unas 170 calorías (y unos 7 g de hidratos de carbono, 6 g de proteínas y 15 g de grasa).¿Qué frutos secos son los mejores? Las avellanas y las almendras tienen menos grasas saturadas, y las nueces de macadamia y las avellanas son las que tienen más grasas monoinsaturadas (lo cual es magnífico). Los pistachos y las nueces de macadamia son los frutos secos con más fibra (unos 3 g por cada 30 g), y las nueces son las que tienen más ácidos grasos omega 3.

Plátano con mantequilla de cacahuete

Para 2 raciones
- 1 plátano
- 2 cucharadas de mantequilla de cacahuete (puede usarse la que es baja en grasas)
- Decoración: plátano o cereales de arroz inflado

1. Pela el plátano, envuélvelo en aluminio y métalo en el congelador durante 1 hora. Saca la mantequilla de la nevera y tenla a temperatura ambiente hasta que pueda extenderse.

2. Con un cuchillo de postre, cubre bien todo el plátano con la mantequilla de cacahuete.
3. Añade ½ taza de cereales de arroz inflado.
4. Coloca sobre una hoja de aluminio y refrigera durante una hora. ¡Listo para comer!

Contenido por ración (con el arroz inflado): 175 calorías; 5,5 g de proteínas; 22 g de hidratos de carbono; 8 g de grasas, 1 g de grasas saturadas; 0 mg de colesterol; 2,4 g de fibra; 55 mg de sodio. Calorías grasas: 42%.

5. Oda al yogur

Un envase de yogur light de fruta (bajo en grasas y con edulcorantes) es un gran tentempié para llevar al trabajo o consigo.

Un envase grande, de 200 g, tiene unos 13 g de hidratos de carbono y un IG de 20, ¡y una CG de sólo 2! Incluso los yogures de frutas (con azúcar añadido) tienen 31 g de hidratos de carbono (por 200 g), un IG de 47 y una CG de 10.

Mini postre de yogur

El yogur es un gran tentempié, pero día tras día puede resultar un poco aburrido. Una manera de hacerlo más interesante es elaborar con él un postre con capas de yogur, fruta fresca y granola baja en grasa. Aquí se muestra una manera de hacerlo.

En una bandeja de postre, dispón en capas la mitad de cada uno de los siguientes ingredientes y después repite la operación con la cantidad restante.

- ¼ de taza de fruta fresca (frutos del bosque o melocotón troceado)
- ¼ de yogur bajo en grasa o entero (sabor al gusto)
- ¼ de taza de granola baja en grasa

Contenido por ración: 160 calorías; 5 g de proteínas; 32 g de hidratos de carbono; 2,5 g de grasas, 0,4 g de grasas saturadas; 3 mg de colesterol; 2,6 g de fibra; 80 mg de sodio; 96 mg de calcio. Calorías procedentes de las grasas: 12%.

6. Disfruta de la fruta

La fruta es fácil de llevar, ya sea en el automóvil o en la cartera del trabajo, y tener a punto para cualquier momento. Muchas frutas aportan la cantidad justa de hidratos de carbono y una buena ración de fibra. Las frutas siguientes tienen una carga glucémica baja (5 o menos por ración):

- Cerezas, CG de 3 por ración (110 g).
- Pomelos, CG de 3 por ración (110 g).
- Kiwi, CG de 5 por ración (110 g).
- Naranjas, CG de 5 por ración (110 g).
- Melocotones (frescos o en conserva), CG de 4 por ración (110 g).
- Peras, CG de 3 por ración (110 g).
- Ciruelas, CG de 3 por ración (110 g).

- Melón Cantalup, CG de 3 por ración (110 g).
- Fresas, CG de 1 por ración (110 g).

Popurrí de melones

El melón frío es un refrigerio muy refrescante para tomar por la tarde o por la noche. Tan sólo hay que cortar el melón en dados o hacer bolitas con él, llenar un cuenco, taparlo y conservarlo en la nevera para un tentempié rápido.

Para 4 raciones
- 3 tazas de melón piel de sapo en bolitas o dados
- 3 tazas de melón cantalup en bolitas o dados

Mezcla los dos tipos de melón en un cuenco.

Contenido por ración: 87 calorías; 1,6 g de proteínas; 21,8 g de hidratos de carbono; 0,5 g de grasas, 0 g de grasas saturadas; 0 mg de colesterol; 1,7 g de fibra; 23 mg de sodio, 96 mg de calcio. Calorías procedentes de las grasas: 4 %.

Otras sugerencias de refrigerios

Peras con queso bajo en grasa

Éste es uno de mis tentempiés favoritos, en el que combino cuñas de pera con un queso aromático, como pude ser un Jarlsberg o un Gruyère. ¡Qué magnífica manera de introducir otra ración de fruta en la dieta diaria!

Contenido por ración: (1 pera y 30 g de queso) 202 calorías; 9 g de proteínas; 32,5 g de hidratos de carbono; 5,5 g de grasas, 3 g de grasas saturadas; 1,6 g de grasas monoinsaturadas; 0,3 g de grasas polinsaturadas; 15 mg de colesterol; 5 g de fibra; 150 mg de sodio. Calorías procedentes de las grasas: 24 %.

Unas saludables palomitas de maíz

Más pronto o más tarde tenía que incluir las palomitas en mi lista de tentempiés. Los fabricantes de palomitas para microondas suelen utilizar aceites parcialmente hidrogenados, de modo que podemos apostar que en su contenido las grasas por ración son grasas trans.

Lo único que se necesita es una bolsa de palomitas y un microondas, y ya sea en casa, en el trabajo o incluso en el gimnasio se preparan en un momento.

Existen unas cuantas marcas que tienen palomitas para microondas libre de grasas en un 94 %. La información nutricional que proporciono corresponde a la empresa Jolly Time's Healthy Pop Butter Flavor Pop Corn, debido a que éstas son las que nos gustan a mi hija y a mí.

Contenido por ración: (5 tazas, alrededor de 2,5 raciones por bolsa) 90 calorías; 2 g de grasas; 2 g de grasas saturadas; 0 mg de colesterol; 210 mg de sodio; 23 g de hidratos de carbono; 9 g de fibra; 4 g de proteínas.

Ensalada de guarnición del Wendy's

Me veo a mí misma en el Wendy pidiendo ensaladas para mí y mis chicas. Íbamos corriendo al ortodoncista y necesitábamos tomar un tentempié por la tarde. Tienen una ensalada fresca y colorida, y lo mejor de todo: ¡barata!

Contenido por ración: (ensalada de guarnición con ½ bolsita de aderezo: 70 g en total de aderezo ranchero bajo en grasa) 90 calorías; 10,5 g de hidratos de carbono; 2,5 g de proteínas; 4,5 g de grasas; 0,7 g de grasas saturadas; 7 mg de colesterol, unos 2,5 g de fibra; 325 mg de sodio.

Desayunos equilibrados

Si cenas pronto, el desayuno del día siguiente será el primer alimento que entra en tu cuerpo después de muchas horas sin comer nada. En este sentido, el desayuno parece algo importante para el funcionamiento del organismo.

Es mejor desayunar que no hacerlo, pero lo que es mucho mejor es tomar un desayuno equilibrado, rico en nutrientes y en fibra en vez de uno repleto de cereales refinados, azúcar, sal y/o grasas saturadas, se padezca o no diabetes tipo 2.

¿Desayunar o no desayunar? Ésa es la cuestión

Algunas personas creen que saltarse el desayuno es una buena manera de reducir calorías y perder peso, pero estudios recientes indican exactamente lo contrario. Las nuevas investigaciones realizadas apuntan que el acto diario de desayunar puede disminuir el riesgo de obesidad, si bien los estudios señalan también otros factores dietéticos y la actividad física.

A fin de mantener una buena salud y evitar que esos kilos difíciles de perder vuelvan a ocupar un primer plano, hay que establecer el hábito de tomar a diario un desayuno equilibrado. La mayoría de la gente hace mal tomando unos desayunos compuestos, en su mayor parte, de hidratos de carbono y muy pocas proteínas y fibra, como los *bagels* o panecillos de harina refinada, panecillos de azúcar y harina blanca, o cereales azucarados y pobres en fibra. Una comida satisfactoria, con hidratos de carbono equilibrados (preferiblemente procedentes de cereales integrales, frutas y verduras), unas cuantas proteínas y unas grasas beneficiosas, evitará tener sensación de hambre hasta la hora de comer y aportará la energía necesaria para abordar las actividades matutinas.

Un consejo rápido que sigo para conseguir un desayuno equilibrado: ¡conseguir los 5! Es decir, cada desayuno debe incluir como mínimo 5 g de fibra y 5 g de proteína.

Conseguir como mínimo 5 g de proteínas

Menos grasa y productos lácteos bajos en hidratos de carbono aportarán proteína al desayuno, y también clara de huevo o huevina (la yema de huevo no aporta proteínas), carne magra (lomo magro, jamón, pechuga de pavo, salchichas de pavo), y leche de soja y otros productos derivados de ella.

Opciones proteínicas para el desayuno

Opciones	Proteínas	Calorías	Grasas	Grasas saturadas	Hidratos de carbono
Leche desnatada 250 ml	10	100	0	0	4
Yogur de vainilla bajo en grasa 200 ml	9,3	253	4,6	2,6	6
Queso fresco bajo en grasa, 200 ml	28	160	2	1	6
Queso bajo en grasa, 30 g	8	70	4	2,5	1
Claras de huevo, 2	7	33	0	0	1
Huevina, 45 g	6	30	0	0	1
Leche de soja, baja en grasa, 250 ml	4	90	1,5	0	14
Salchichas de soja, 60 g	12	119	4,5	0,7	6
Tofu light, 60 g	5	43	1,4	0	2,2
Lomo magro, 60 g	12	89	3,9	1,2	1
Jamón extra magro, 60 g	11	61	1,5	0,4	0,4
Pechuga de pavo, 2 lonchas	4	70	6	2	0,1

Opciones	Proteínas	Calorías	Grasas	Grasas saturadas	Hidratos de carbono
Salchichas de pavo light, 60 g	9	130	10	2,2	1
Mantequilla natural de cacahuete	3,5	100	8	1	3,5
Queso cremoso light, 30 g	3	53	4	2,7	1,8
Salmón ahumado	5,2	33	1,2	0,2	0

Conseguir como mínimo 5 g de fibra

Un modo de conseguir esos 5 g de fibra consiste en incluir en el desayuno cereales integrales y/o frutas y verdura. Yo busco siempre la ocasión de pasarme a los cereales integrales, tanto por la gran cantidad de beneficios para la salud que ofrecen como porque el desayuno es el momento perfecto para añadir una o dos raciones a la dieta diaria. Los cereales integrales aportan al organismo muchísimas vitaminas, minerales y sustancias fitoquímicas que, en conjunto, ofrecen notables beneficios para la salud, además de fibra. Los nuevos estudios realizados indican que tomar cereales integrales reduce el riesgo de sufrir enfermedades cardiovasculares y ciertos cánceres, así como el desarrollo de la diabetes tipo 2, al mejorar la sensibilidad a la insulina y el nivel de lípidos, y disminuir el estrés oxidativo.

Para aportar cereales integrales al desayuno, puedes optar por los siguientes alimentos:

- Crema de avena caliente (o de otro cereal integral).
- Cereales integrales fríos.
- Pan 100 % integral, ya sea *bagel*, panecillo o tortilla.
- *Crêpes* o panqueques elaborados con al menos 50 % de harina integral, además de semillas de lino o copos de avena.
- Panecillos y rollitos de canela con al menos 50 % de harina integral de trigo y avena, copos de avena o semillas de lino molido.

Consejos para los desayunos de fin de semana

Si el fin de semana te han sobrado *crêpes* integrales, panecillos o gofres, congélalos en envases de plástico individuales para tenerlos listos durante la semana. Sólo tendrás que pasarlos del congelador al microondas o bien tostarlos en el horno o en la tostadora.

Hay otros alimentos vegetales que aportan fibra: fruta, verdura, otros cereales integrales, legumbres y frutos secos.

Opciones con fibra para el desayuno

Opciones con fibra	Fibra	Calorías	Hidratos de carbono	Grasa	Proteína
Cereales					
Crema de avena, ¾ de taza	3	124	21	2,7	4,5
Cereales integrales, 1 taza	7	190	45	1,5	4
Pan de harina de trigo integral, 1 rebanada	2	70	14	1	3
Tortilla de trigo integral	8	300	54	4,5	12
Copos de avena, ¼ de taza	2,3	83	14	1,5	3
Cebada cocida, ½ taza	5	220	55	0,7	5
Cebada perlada, ½ taza	3	97	22	0,3	2
Alforfón molido, ½ taza	2,3	77	17	0,5	2,8
Quinoa cocida, ½ taza	2,6	111	20	1,8	4
Fruta					
Plátano, 1	3,1	105	27	0,4	1,3
Mirtilos frescos, ½ taza	2	42	11	0,2	0,6
Frambuesas frescas, ½ taza	4	32	7	0,4	0,7

Opciones con fibra	Fibra	Calorías	Hidratos de carbono	Grasa	Proteína
Mezcla de fruta deshidratada, ½ taza	2	120	28	0	1
Melón (cantalup u otro), 2 tajadas	3	108	26	0,3	3
Verduras					
Champiñones cocinados, ½ taza	2	22	4	0,4	2
Cebollas cocidas, ½ taza	2	29	7	0,1	1
Calabacines cocidos, 1 taza	2,2	26	5	0,2	2
Tomates, 1 mediano	1	25	5	0	1
Semillas de lino, 2 cucharadas	3	80	4	6	3
Nueces pacanas (o nueces troceadas) ¼ de taza	3	205	4	21	3

Siete ejemplos de desayunos equilibrados con 50 g (¡o menos!) de hidratos de carbono

1. Tortilla preparada con ½ taza de un sustitutivo de huevo (huevina), 125 g de verdura, 30 g de queso bajo en

grasa con un panecillo 100% integral (288 calorías; **35 g de hidratos de carbono**; 7 g de fibra; 28 g de proteínas; 6 g de grasa; 2,5 g de grasas saturadas; 15 mg de colesterol; 724 mg de sodio).

2. Gofre multicereales con ½ taza de fruta fresca y ¼ de taza de yogur natural, ⅛ de cucharadita de extracto de vainilla y una pizca de canela molida (265 calorías; **48 g de hidratos de carbono**; 8 g de fibra; 11 g de proteínas; 5 g de grasa; 1 g de grasas saturadas; 12 mg de colesterol; 386 mg de sodio).

3. Dos torrijas elaboradas con pan de trigo integral, 3 huevos, ¼ de taza de leche (mitad desnatada y mitad semidesnatada), ⅛ de cucharadita de vainilla y una pizca de canela molida (278 calorías; **42 g de hidratos de carbono**; 5 g de fibra; 14 g de proteínas; 6,5 g de grasa; 1,5 g de grasas saturadas; 215 mg de colesterol; 480 mg de sodio).

4. Burrito de desayuno preparado con 1 tortilla de trigo integral (de unos 50 g cada una), ½ taza de huevina batida con ½ taza de verduras variadas, 30 g de queso bajo en grasa (304 calorías; **32 g de hidratos de carbono**; 6 g de fibra; 25 g de proteínas; 7 g de grasa; 2,5 g de grasas saturadas; 15 mg de colesterol; 669 mg de sodio).

5. Desayuno casero a base de un sándwich de pan *muffin* (pan ingles esponjoso especial para bocadillos) elaborado con harina integral, 45 g de salchichas de pavo light y 30 g de queso bajo en grasa (300 calorías; **28 g de hidratos de carbono;** 5 g de fibra; 21 g de proteínas; 12 g de grasa; 4 g de grasas saturadas; 83 mg de colesterol; 690 mg de sodio).

6. Batido de frutas elaborado con 180 ml de yogur desnatado con 1 taza de fruta y ½ taza de leche de soja o

leche semidesnatada (230 calorías; **42 g de hidratos de carbono**; 6,5 g de fibra; 9 g de proteínas; 4 g de grasa; 1 g de grasas saturadas; 5 mg de colesterol; 130 mg de sodio).

7. Postre de yogur con frutos secos preparado con 180 ml de yogur del sabor que se desee, semidesnatado; ½ taza de fruta fresca (frambuesas, por ejemplo) y ⅛ de taza de nueces u otros frutos secos y ½ taza de cereales integrales en copos (300 calorías; **44 g de hidratos de carbono**; 7 g de fibra; 10 g de proteínas; 9,3 g de grasa; 0 g de grasas saturadas; 0 mg de colesterol; 179 mg de sodio).

Fuentes:

Análisis nutricional de ESHA Research Food Processor SQL. Smith Edge *et al.*, «A New Life for Whole Grains» *Journal of the American Diabetic Association*, 105 n.º 12 (diciembre 2005): 1856-1860.

Timlin M. T. *et al.*, «Breakfast Eating and Weight Change in a 5 year prospective Analysis of Adolescents: Project EAT», *Pediatrics* 121, n.º 3 (marzo 2008): e638-e645.

Más recetas para el desayuno

Magdalenas de fresa

Estas magdalenas resultan deliciosas recién horneadas. Si tienes la costumbre de tomarlas con mantequilla o margarina, intenta sustituirla por queso cremoso light.

Para 11 magdalenas (5,5 raciones con 2 magdalenas aprox.).

- 1 ¹/₃ de taza de fresas frescas (450 g) troceadas
- ¼ de taza de leche semidesnatada (60 ml)
- 1 cucharadita de extracto de vainilla
- ½ cucharadita de extracto de fresas o de frambuesas (opcional)
- ½ cucharadita de colorante alimentario rojo (opcional)
- ¼ de taza de margarina baja en grasa con la menor cantidad posible de grasas trans/saturadas (con unos 8 g de grasa por cucharada)
- ½ taza de azúcar granulado (115 g). Si lo deseas más dulce, añade 100 g de Splenda
- 1 huevo grande a temperatura ambiente
- ½ taza de huevina o 2 claras de huevo
- 1 taza de harina integral de trigo (100 g)
- ½ taza de harina blanca sin blanquear (50 g)
- 1 cucharadita de levadura en polvo
- ¼ cucharadita de sal
- 1 cucharada de azúcar de lustre para decorar las magdalenas (opcional)

1. Precalienta el horno a 180 ºC. Coloca los moldes de las magdalenas en una bandeja de horno y reserva. Pon las fresas en un vaso y tritúralas hasta que obtengas una especie de puré, asegurándote de que queden unos ²/₃ de taza.
2. En un cuenco pequeño, mezcla ²/₃ del puré de fresas con la leche semidesnatada, el extracto de vainilla, el de fresas y el colorante rojo (opcional). Reserva.
3. En la batidora eléctrica, con la pala de batir, mezcla la margarina y el azúcar a velocidad media-alta hasta que

esté muy esponjoso. Reduce la velocidad de media a baja y añade el huevo y la huevina o las claras, hasta que todo esté bien batido, y asegurándote de que las paredes y el fondo del vaso mezclador estén bien limpios.

4. En un cuenco mediano, mezcla las 2 harinas, la levadura y la sal y agrega después la mitad de las harinas al cuenco de la crema de margarina y azúcar y bate todo. Vierte sobre el puré de fresas y bate a velocidad media, rebañando bien las paredes del vaso de la batidora. Incorpora después la preparación de harinas restante limpiando bien las paredes del cuenco.

5. Rellena ¼ de los moldes con la masa preparada y hornea hasta que esté compacta al tacto (unos 22 minutos). Deja que se enfríen por completo en la misma bandeja y después, si se desea, espolvorea por encima con el azúcar de lustre.

Contenido por ración (2 magdalenas): 258 calorías; 8 g de proteínas; 47 g de hidratos de carbono; 6 g de grasa; 1 g de grasas saturadas; 40 mg de colesterol; 4 g de fibra; 260 mg de sodio. Calorías procedentes de las grasas: 20%.

Frittata (tortilla) vegetariana en el microondas

Éste es un desayuno muy sabroso para 2 personas que se prepara en unos diez minutos. Puede acompañarse de tomate crudo troceado, salsa o unas rodajas de aguacate.

Para 2 raciones:
- 1 ¼ de taza de patatas en juliana congeladas, sin grasa
- ²/₃ de zanahorias ralladas o en juliana
- ¼ de taza de cebolla troceada
- 1 cucharada de perejil fresco (o 1 ½ cucharadita de perejil seco)
- 2 cucharadas de aceite de oliva o de girasol
- 1 pizca de sal y pimienta (opcional)
- 2 huevos grandes
- ½ taza de huevina
- ¼ de taza de leche desnatada o semidesnatada
- ¹/₈ de cucharadita de mostaza seca
- 2 gotas de salsa picante (Tabasco, por ejemplo)
- ½ taza de queso Cheddar rallado bajo en grasa

1. Mezcla, en un recipiente apto para microondas, las patatas, las zanahorias, la cebolla, el perejil y el aceite. Tapa y cuece en el microondas a temperatura alta durante tres minutos, removiendo transcurridos 90 segundos. Añade sal y pimienta, si lo deseas.
2. En un cuenco, mezcla los huevos y la huevina, la leche, la mostaza y la salsa picante, y bate a velocidad media durante uno o dos minutos. Vierte todo sobre la preparación de las patatas.
3. Cubre el recipiente (puede ser con papel sulfurizado) y cuece en el microondas a temperatura alta durante 2 minutos. Remueve el huevo cuajado hacia los lados del recipiente y cocina dos minutos más. Esparce por encima un poco de queso y vuelve a ponerlo en el microondas para cocinarlo durante 30 segundos más, hasta que

el queso se funda. Deja reposar unos minutos antes de servir.

Contenido por ración: 280 calorías; 20 g de proteínas; 21 g de hidratos de carbono; 13 g de grasa; 4,3 g de grasas saturadas; 6,2 g de grasas monoinsaturadas; 1,2 g poliinsaturadas; 218 mg de colesterol; 2,2 g de fibra; 296 mg de sodio. Calorías procedentes de las grasas: 42%.

Índice analítico

Contenido

ELAINE MAGEE

Dime qué comer si tengo reflujo ácido

*Actualizada con las últimas investigaciones
y nuevas y deliciosas recetas*

EDICIONES OBELISCO

La acidez de estómago, dolencia que sufren millones de personas en todo el mundo, implica dolor y alteración del sueño, además de afectar al trabajo y, especialmente, al ánimo y al humor del paciente.

Dime qué comer si tengo reflujo ácido muestra una perspectiva general de esta dolencia y ofrece una explicación sencilla y exhaustiva de cómo y por qué empieza esta enfermedad según los últimos datos médicos. Esta obra muestra las soluciones que la dieta y determinado estilo de vida aportan al paciente para poder sentir alivio, mejorar y hasta superar el reflujo ácido.

Revisada y corregida por el Dr. Anthony A. Starpoli, director del Departamento de Investigaciones Gastroesofágicas y Endocirugía del St.Vincent Catholic Medical Center, la obra, además de información médica veraz, aporta soluciones prácticas, saludables y numerosas recetas, así como consejos aplicables tanto a la hora de hacer la compra como a la de comer fuera de casa.

Dime qué comer si soy celiaco es un libro divulgativo, no técnico, pensado para servir de guía a los celiacos, y para que puedan comprender mejor lo que es seguir una dieta sin gluten. La obra empieza con una perspectiva sencilla y clara de la enfermedad y también de la dieta, y sigue con avisos prácticos, sabrosas recetas y valiosa información.

Este libro, que forma parte de la famosa serie americana *Dime qué comer*, contiene:

- Una guía de alimentación fácil de seguir, junto a la más actual información acerca de las dietas sin gluten.
- Las últimas noticias e investigaciones sobre las leyes de etiquetado de alimentos relacionados con el gluten.
- Recetas y consejos de la mano de los propios expertos: los celiacos.